Lanto:
CHEOPS -
Die Wahrheit der Großen Pyramide

LANTO

Cheops -
Die Wahrheit der Großen Pyramide

Die Lösung des Sphinx- und Atlantis-Rätsels

VERLAG STEPHANIE NAGLSCHMID STUTTGART

Die Deutsche Bibliothek - CIP-Einheitsaufnahme

Lanto:
Cheops - die Wahrheit der Großen Paramide :
die Lösung des Sphinx- und Atlantis-Rätsels /
Lanto. - Stuttgart : Naglschmid, 1996
    (Edition Hannemann)
    ISBN 3-927913-84-7

Umschlaggestaltung: Stephanie Naglschmid/MTi-Press

Alle in diesem Buch enthaltenen Angaben, Daten, Ergebnisse usw. wurden vom Autor nach bestem Wissen erstellt und von ihm und vom Verlag mit größtmöglicher Sorgfalt überprüft. Gleichwohl sind inhaltliche Fehler nicht vollständig auszuschließen. Daher erfolgen die Angaben usw. ohne jegliche Verpflichtung oder Garantie des Verlages und des Autors. Sie alle übernehmen deshalb keinerlei Verantwortung und Haftung für etwaige inhaltliche Unrichtigkeiten. Geschützte Warennamen und Warenzeichen werden nicht besonders gekennzeichnet. Aus dem Fehlen solcher Hinweise kann also nicht geschlossen werden, daß es sich um einen freien Warennamen oder ein freies Warenzeichen handelt.
Alle Rechte, insbesondere das Recht der Vervielfältigung und Verbreitung sowie der Übersetzung, vorbehalten. Kein Teil des Werkes darf in irgend einer Form (durch Fotokopie, Mikrofilm oder ein anderes Verfahren) ohne schriftliche Genehmigung des Verlages reproduziert oder unter Verwendung elektronischer Systeme verarbeitet, vervielfältig oder verbreitet werden.

© 1996
by VERLAG STEPHANIE NAGLSCHMID
Rotebühlstr. 87 A - 70178 Stuttgart
Tel. 0711/626878; Fax 0711/612323

Dieses Buch ist auf chlorfrei gebleichtem Papier gedruckt.

Printed in Germany

Inhaltsverzeichnis

Vorwort 7

Teil 1
Die äußeren Geheimnisse der großen Pyramide von Gizeh 9
Die wissenschaftlichen Forschungsmethoden,
ihre Erkenntnisse und Grenzen 12
Die ganzheitliche Betrachtungsweise und ihre Ergebnisse 14
Die Resultate der Analyse-Methoden 19

Teil 2
Die Entwicklung des alten Wissens 31
Der Ursprung der ägyptischen Kultur 45
Wie das Wissen nach Ägypten kam 51

Teil 3
Das Buch Thoth 55
Der Aufbau des Buches Thoth 58
Die Lehren des Buches Thoth 61
Der Bilderzyklus des BuchesThoth 70

Teil 4
Die mystischen Grundlagen der großen Pyramide 73

Teil 5
Die Einweihungsprüfungen nach dem Buch Thoth 81
Die Einweihungsprüfungen in der großen Pyramide 85
Der Unterricht nach dem Buch Thoth 95
Der Tempel der Göttlichkeit 112
Der Einweihungsweg jeder Seele nach der großen Pyramide 112
Die Bezeichnungen der 12 Gänge und 12 Räume,
ihre Funktionen und Lehren 116

Teil 6
Der Granitsarkophag in der großen Pyramide 119
Die Entlastungskammern über dem Tempel der
Wiederverkörperung 121
Die Sonnendaten in der großen Pyramide 122
Die Botschaft der großen Pyramide 126
Die künftigen Forschungsaufgaben an der großen Pyramide 126
Das Plateau von Gizeh 127

Nachträge 133
Die Sphinx 137
Die geistige Bedeutung des Sphinx-Bauwerkes 145

Zusammenfassung 149

Zusammenfassung des atlantischen Dramas 151
Die C-14-Methode 157
Quellenverzeichnis 165

Vorwort

Das letzte der 7 Weltwunder der Antike ist die große Pyramide von Gizeh in Ägypten.
Seit dem 8. Jahrhundert versuchen Forscher ihre Botschaften zu enträtseln.

Gegenstand der wissenschaftlichen Untersuchungen waren bisher fast ausschließlich die einzelnen Maße der Pyramide. Die Vermessungsergebnisse stellten erstaunliche Resultate dar. Sie bewiesen u.a., daß die Bauherren der großen Pyramide bereits vor über ca. 6.000 Jahren die Zahl Pi kannten.

Über die Daten dieses kolossalen Bauwerkes sind viele Bücher mit hervorragenden Erklärungen geschrieben worden.

Sie alle befassen sich mit den "äußeren Geheimnissen" der Pyramide.

Über die "inneren Geheimnisse" jedoch ist bisher kein Buch geschrieben worden, da die Wahrheit der alten Mysterien den europäischen Forschern verschlossen blieb.

Der Schlüssel, der das Schloß der naturwissenschaftlichen Erkenntnisse und das alte "mystische" Wissen als "gleiche Wahrheit" öffnet, ist bisher noch nicht bekanntgegeben worden.

Das vorliegende Werk nun wird die "inneren Geheimnisse" offenbaren, damit allen Interessenten die Möglichkeit gegeben wird, an dem hohen Wissen der Alten teilzuhaben und die vorerst letzten Rätsel - auch unter wissenschaftlicher Sicht - zu lösen.

TEIL 1

Die "äußeren Geheimnisse" der großen Pyramide von Gizeh

Kaum ein Bauwerk der Vergangenheit steht so im öffentlichen Interesse wie die große Pyramide.

In den letzten rund 120 Jahren wurden viele Abhandlungen über die Vermessungsergebnisse und ihre Deutungen geschrieben.

Während die ersten Vermessungen noch unterschiedliche Ergebnisse hervorbrachten, haben die Resultate, insbesondere der letzten 60 Jahre, erstaunliches offenbart.

Dazu mußten aber erst aufwendige archäologische Räumungsarbeiten erfolgen, die den Fund der wahren Ecksteine der Pyramidenverkleidung zuließen.
Auf Grundlage dieser Ecksteine konnte man die genaue Länge der Pyramiden-Grundseiten ermitteln, den Neigungswinkel der Kalksteinverkleidung feststellen und die genaue Pyramidenhöhe errechnen.

Leser, die an diesen Ergebnissen interessiert sind, sollten das bemerkenswerte Buch von Peter Tompkins, *"Cheops"* (erschienen im Knaur Verlag [ISBN 3-426-03591-X] oder beim Scherz Verlag, München - letzterer hat die deutschen Rechte -) lesen.
Tompkins hat es in seinem Werk hervorragend verstanden, die geschichtliche Erforschung seit dem 9. Jahrhundert bis in die Gegenwart spannend darzulegen und die Zahlenergebnisse auch für Laien leicht nachvollziehbar nahezubringen.

Die in der Pyramide vorhandenen Zahlen sind in den Längen- und Höhenmaßen sowie in ihrer Bauweise versteckt.

Die Resultate beweisen:

Die Erbauer der großen Pyramide beherrschten bereits die Astrologie, Geometrie und Mathematik!

Aufgrund der gefundenen Pyramidenzahlen müssen einige Passagen der Geschichtsschreibung revidiert werden:

Eratosthenes war nicht der erste Mensch, der den Erdumfang errechnete,
Hipparchos nicht der Begründer der Trigonomie.

Pythagoras hat seinen berühmten Lehrsatz nicht entwickelt,

Mercator war ebensowenig der Erfinder der Kartenprojektion.

Die Planer und Erbauer der großen Pyramide hatten all dieses Wissen bereits beherrscht und es in der Pyramide als steinerndes Lehrbuch verewigt.
Sie konnten bereits genau die Länge eines Tages und Jahres berechnen, kannten die Länge des platonischen Jahres und dessen Periode von rd. 26000 Erden-Jahren, die sich in die 12 "kosmischen Monate" des großen Tierkreises - des Zodiaks - à 2160 Erden-Jahre aufteilten.

Unter Mithilfe von Obelisken, die Sonnenschatten werfen, ermittelten sie genau die Längen- und Breitengrade eines geografischen Ortes. Sie errechneten die "Bogenminuten" der Längen- wie Breitenkreise der Erde und erstellten auf diesen Grundlagen sehr genaues Kartenmaterial. Durch ihr Wissen der Erdumdrehung um ihre eigene Achse entwickelten sie bereits damals ein präzises Maßsystem.

Die Erbauer der großen Pyramide wußten daher bereits vor rund 6000 Jahren, daß die Erde eine Kugel ist!

Erinnern wir uns an Christoph Columbus, der im 16. Jahrhundert lebte und eine "neue Welt" entdecken wollte. Er war der festen Überzeugung, daß die Welt rund sei.

Wurden ihm nicht viele Steine von der damals herrschenden Wissenschaft in den Weg gelegt, weil man der herrschenden Meinung war, daß die Erde eine Schreibe sein muß ? -

Wir ahnen zu verstehen, was große Philosophen und Menschheitslehrer meinten und meinen, wenn sie sagen:

"Alles was wir erfinden, war (ist) schon da !"

Durch unsere technischen Entwicklungen werden die "alten Erfindungen" neu entwickelt und dem heutigen Technik-Know-how angepaßt, werden daher genauer und präziser.

Sei es die Fußboden-Heizung der Römer,
die elektrischen Lampen der Ägypter oder
die vielen Erfindungen des Leonardo da Vinci etc.

Technische Entwicklung ist demnach ein Ergebnis des Evolutionsgesetzes der Konzentration, welches besagt:

Je mehr Konzentration wir einer Sache, einem Problem, zuwenden, umso größer und klarer - eben umfassender - also ganzheitlicher - werden wir es lösen !

Ein mittelmäßiger Schüler, der zum Vater der "modernen Mathematik" wurde, Albert Einstein, ist dafür ein deutliches Beispiel. Er bewies mit der "Erfindung" seiner Relativitätstheorie:

Die Kraft, Lösungen zu finden, liegt in der aufzubringenden Disziplin des Einzelnen.

Durch Konzentration auf die gestellte Aufgabe und Vertiefung der Gedanken, wird so immer eine befriedigende Lösung gefunden werden, die im Ergebnis dem Bewußtsein des "Erfinders" entspricht.

Die wissenschaftlichen Forschungsmethoden, ihre Erkenntnisse und Grenzen

Sämtliche Forschungsarbeiten an der Pyramide waren bisher dem äußeren Bauwerk, d.h. den im Steinbau befindlichen Maßen gewidmet. Hierzu gehörten auch die Räume und Gänge im Inneren der Pyramide.

Aufkommende Fragen der Forscher wurden meist aus bautechnischer Sicht erklärt.
Die sicherlich wichtigere "innere Botschaft" der großen Pyramide blieb bisher jedoch verschlossen.

Verglichen mit den am Markt befindlichen Büchern, versuchten nur wenige Forscher ihren "geheimen Sinn" zu ergründen.

Daß dieser Bereich so wenig Ergebnisse vorweisen kann, liegt u.a. am heutigen System wissenschaftlicher Forschung.

Wir wollen uns das Problem an einem Beispiel aus der Pyramide bewußt machen.

Nehmen wir als Gegenstände unserer Betrachtung die gefundenen Räume von "König und Königin" sowie den in der Königskammer stehenden Stein-Sarkophag.

In früheren Untersuchungen von Gräbern aus alter Zeit fand man heraus, daß Könige in Räumen mit Flachen (waagerechten) Decken, Königinnen in Räumen mit Giebel- (Spitz-) Decken zur letzten Ruhe gebettet wurden.

In der großen Pyramide fand man nun je eine Kammer mit Giebel-Decke und eine mit flacher Decke.

Aufgrund der früheren ''Gräbererfahrung'' war somit für die Forscher klar, ''hier handelt es sich um Grabkammern für eine Königin und einen König.''
Diese Aussage fanden die Archäologen durch den vorhandenen Stein-Sarkophag in der Königskammer zusätzlich bestätigt.

An diesem Beispiel können wir die Denkweise der wissenschaftlichen Logik deutlich erkennen.
Die ''Funde'' wurden nach bekannten Mustern analysiert, ihre Ergebnisse zu einem logischen Resultat zusammengefügt.
Fakten, die in das so gefundene Ergebnis nicht hineinpaßten, wurden einfach ''verdrängt''.

Hierzu gehören folgende bekannte Tatsachen:

1. Der Sarkophag in der ''Königskammer'' ist in seinen Maßen so groß, daß er nicht durch die viel kleineren Gänge des Bauwerkes transportiert werden konnte, was früher zu den üblichen Bestattungsriten gehörte.

2. Der arabische Kalif Al-Mamun fand im Jahre 820 keinen Eingang in die Pyramide und ''brach'' sich einen Stollen in das Gangsystem. Er fand den leeren Stein-Sarkophag in der ''Königskammer'' ohne Deckel vor.
Letzterer wäre für eine Bestattung aber nötig gewesen.

3. Fand man in beiden Kammern Luftschächte nach außen, die innerhalb der Kammern für einen angenehmen Luftaustausch sorgen und die Temperatur bei ca. 20° C Sommer wie Winter konstant halten.

Hier zeigt sich die Systematik der Analyse-Forschung und ihre Schwächen deutlich.

Da "systembedingt" nur die einzelnen Tatsachen untersucht, dann die einzelnen "Zerlegungs-Ergebnisse" zu einem gesamten Resultat zusammengeführt werden, liegt die "Versuchung" nahe, unpassende Fakten wie z.B. die Luftkanäle und andere o.g. Punkte einfach auszugrenzen, damit ein (vielleicht auch gewünschtes) logisches Endresultat entsteht.

Die ganzheitliche Betrachtungsweise und ihre Ergebnisse

Die "Väter der großen Pyramide" hingegen benutzten für ihre wissenschaftlichen Forschungen einen anderen Weg der Erkenntnis.

Sie nahmen den zu untersuchenden Gegenstand und prüften, ob er in der Gesamtheit des zu betrachtenden Bereiches - letztlich im Universum - integrierbar, d.h. harmonisch einfügbar war.
So gingen sie vom Einzelfund direkt auf den Gesamtbereich des Fundes über, erkannten das "gesamte Bild" und konnten von ihm den gesamten Sinn und damit die Funktion und den Zweck des Einzelfundes klar ergründen.

Wir wollen diese Technik der "ganzheitlichen Betrachtung" nun an unserem vorgenannten Beispiel anwenden.

Zuerst haben wir einen großen Raum - die Königskammer - mit 2 Luftschächten, einem offenen Sarkophag und eine konstante Raumtemperatur von rd. 20 °C. Eine Temperatur, von der wir heute wissen, daß sich der Mensch in ihr entspannt und wohl fühlt. Diese Gradzahl wird heute als eine angenehme optimale Zimmertemperatur angesehen.

Ganzheitlich betrachtet könnten diese Fakten eine "ideale Räumlichkeit für ein Schlafzimmer" darstellen.

Ein großer dunkler Raum, guter Luftaustausch und eine "Liegemöglichkeit" sprechen für einen Raum der Ruhe, der Entspannung; durch die Dunkelheit sicher aber auch für einen Raum der Selbstfindung in einem "schlafenden" Zustand.

Die gesamte große Pyramide scheint in ihrer Ausstrahlung ein Ort tiefer Ruhe zu sein.
Da dieser o.g. Raum im "Inneren" der Pyramide ist, muß ein solcher auch außen im "großen Ganzen" - so wie im "Kleinen" - (innen) zu finden sein.

Im "Großen" sehen wir bei gleicher Dunkelheit am Nachthimmel den "gleichen dunklen Raum der Stille" im Ganzen, der uns wie die "Königskammer" im Kleinen umfängt, uns geborgen fühlen läßt.

Wenn der "innere Raum der Stille" der Pyramide mit dem Nachthimmel, der uns behütet und in dem wir "alles Wissen allen Seins" finden, harmonisch, integrierbar ist, kann diese Kammer in der Pyramide im kleineren nur den gleichen Sinn haben wie der Nachthimmel im "großen Ganzen" äußerlich.

Die Luftschächte weisen daraufhin, daß sich ein Lebender in den Sarkophag legte, um - ganzheitlich im "Kleinen" - die Wahrheiten im "Großen" zu finden.
Deshalb gab es für diese steinernde Liegestatt auch keinen Deckel.

Die Ruhe des nächtlichen Universums spiegelt sich in der "Königskammer" - insbesondere im Sarkophag - wider, in dem der dort Liegende sich genauso geborgen und sicher gefühlt hat wie unter dem Sternenhimmel.

Durch das "ganzheitliche Verfahren" erkennen wir unter Berücksichtigung aller bekannten Fakten:

Es handelt sich bei dem o.g. Sachverhalt um einen besonderen Lehrraum in der Pyramide, in dem sich der im Sarkophag Liegende mit den höheren Welten, dem "großen Ganzen der Schöpfung", dem "All-Wissen" verband.

Da die sogenannte Königskammer durch ihr Flachdach "männlichen" Charakter hat, ist anzunehmen, daß die mit diesem Raum verbundenen Übungen bzw. Prüfungen dem männlichen Prinzip Gottes - der Willensübung - entsprechen.

Die sogenannte Königinnenkammer mit ihrem Giebeldach hingegen dürfte demnach dem "weiblichen" Prinzip Gottes, den darin zu vollziehenden Übungen entsprechen.
Ein Hinweis für diese bisherigen Thesen ist die Tatsache, daß in der Königinnenkammer kein Sarkophag steht.
Daher muß der Zweck dieser Kammer entgegen der Königskammer anderer Natur gewesen sein.

Alles Leben besteht aus zwei Polen wie z.B. den beiden Erdpolen - den magnetischen Gegensätzen der Erde, das Dao, das auch Tao genannt wird. Ebenso wie Yin und Yan, oder "Geben und Nehmen".
Die beiden o.g. Kammern scheinen ebenso diesem Lebensgesetz des "weiblichen" und "männlichen" Aspektes des Lebens, dem Dualismus, zu entsprechen.

Diese Aussagen werden wir im späteren Teil des Buches noch zu prüfen haben, wenn wir das Gangsystem erforschen.

Die Technik der "ganzheitlichen Betrachtung" verlangt vom Anwender allerdings als notwendige Voraussetzung eine große Bereitschaft zur Theorie der "Hypothese", die wirklich unvoreingenommen mit eiserner Disziplin an den Erkenntnisprozessen vollzogen werden muß. Eine genaue Prüfung der Ergebnisse ist dann nach dem Integrations-Prinzip, durch Einfügung der Resultate in die jeweilige größte Gesamtheit, nötig, damit ganzheitliche Ergebnisse im ''großen wie kleinen'' auf Grundlage des betrachteten Gegenstandes gefunden werden können.

Sehr hilfreich ist bei diesem Verfahren ein profundes Wissen der gesamtheitlichen Grundlage. Bezogen auf die Pyramidenforschung in Ägypten wären diese in den alten Texten zu suchen.
Die Sinn-Inhalte müßten dann mit ähnlichen Texten auf Übereinstimmung verglichen werden. Vor allem aber ist eine möglichst neutrale Grundeinstellung nötig, damit vorgefaßte Meinungen nicht anderen Ideen und Impulsen den theoretischen Entwicklungsraum abschneiden.

Oft entstehen in der Forschung auch Fehler, weil die in den gefundenen Texten vorhandenen Inhalte nur an den realen Worten und leider nicht an ihren Sinninhalten gemessen werden.

Den Nachweis der Zuverlässigkeit des ''ganzheitlichen Betrachtungsverfahrens'' können wir übrigens leicht führen. Die vorgenannten Daten in der großen Pyramide, die in Stein verewigt wurden, beweisen deutlich die Effektivität dieser Technik.
Ihre Dateninhalte sind Erkenntnisse, die wir erst seit dem 17. Jahrhundert (wieder)entdeckt haben.

Die Zuverlässigkeit der ''ganzheitlichen Betrachtungsmethode'' hat inzwischen auch unsere Wissenschaft - allen voran die Medizin - seit einigen Jahren entdeckt. Sie unterscheidet seitdem zwischen den Krankheitskeimen, den Ursachen und den Symptomen - den Auswirkungen - von Krankheiten.

Untersuchungen haben ergeben: Wird die Ursache behandelt, entsteht in der Regel Heilung. Wird nur die Auswirkung, das Symptom, versorgt, lindert dies lediglich das Problem, heilt aber nicht.

Wäre es nicht an der Zeit, diese Erfahrungen auch in den anderen Wissenschaften einzugliedern?
Gerade die Archäologie könnte von der ganzheitlichen Betrachtungsweise sicher nur profitieren!

Wenn wir die große Pyramide verstehen wollen, sollten wir uns daher ganzheitlich an ihre Betrachtung machen.
Untersuchen wir zuerst einen Teil des Außenbereiches, die ''äußeren Geheimnisse''.
Sie sind, wie eingangs erwähnt, im wesentlichen ''gelöst'' worden.

Am Bauwerk erkennen wir einige präzise Besonderheiten.
Die genaue Ausrichtung nach den vier Himmelsrichtungen;
eine exakte quadratische Grundfläche;
ein Pyramidenplateau (stumpfe Spitze), das genau über dem Mittelpunkt des Grundflächenquadrates steht.

Im Ergebnis finden wir bereits an diesen drei wenigen Beispielen ein mathematisch geordnetes Prinzip vor, von dem man bei der Lösung der Pyramidengeheimnisse auch ganzheitlich ausgehen muß.

Eine systematische Ordnung muß demnach auch im Bereich der ''inneren Gangsysteme'' zu finden sein.
Seit den 70er Jahren wurde immer wieder versucht, dem inneren Gangsystem eine Bedeutung zu geben, das mit den äußeren Erkenntnissen im Zusammengang steht.
Man erkannte so u.a. in den ''schrägen Gängen'' Peilvorrichtungen, mit denen man den Weg der Sterne am Himmel verfolgen konnte.

Diese von Herrn Tompkins in seinem vorgenannten Buch sehr gut beschriebenen Ergebnisse beweisen ebenfalls, daß eine kausale oder ganzheitliche Betrachtungsweise zu großen Resultaten führt.

Dennoch, die "geistige" Wahrheit der Gangsysteme selbst, die sogenannten "inneren Geheimnisse", wurden bisher nicht gelöst.
Die Frage nach dem "Warum nicht", läßt sich erstaunlicherweise leicht beantworten!
Uns fehlt das Wissen des alten Reiches; des Anfangs all der Dinge, die wir im bisherigen Ergebnis die alte ägyptische Kultur nennen.

Wissenschaftler räumen inzwischen diesem Reich ein Alter von ca. 5000 Jahren vor unserer Zeitrechnung ein.
Aus dieser "Zeit" wissen wir von dem ersten Pharao namens Menes.
Bereits sein Sohn - so die Wissenschaft - soll Arzt gewesen sein.
Damit ein Mensch jedoch "Arzt"*) werden kann, muß eine doch recht hohe kulturelle Entwicklung eines Volkes vorausgegangen sein, die bereits soziale Ordnungen verwirklicht hat.
Ist diese Information kein erster Hinweis auf eine viel ältere Kultur, die vielleicht lange Jahre (vielleicht Jahrtausende) zuvor begann?

Zeiten sind in der Vergangenheit schwer festzulegen.
Wie oft waren angeblich "unumstößliche" wissenschaftliche Zeitbestimmungen dann eines Tages doch ein Irrtum?

Die Resultate der Analyse-Methoden

Wenn wir den "inneren Geheimnissen" der Gangsysteme wirklich folgen wollen, müssen wir bereit sein, mit der ganzheitlichen hypothetischen Betrachtung zu arbeiten, um wirkliche Ergebnisse zu entwickeln.

---

*) *Im wohl eher heilpraktischen Sinn; obwohl bereits damals nachweislich erfolgreich Schädeloperationen am Gehirn durchgeführt wurden, was an gefundenen Schädeln aus dieser Zeit eindeutig belegt ist.*

Diese Bereitschaft bedeutet aber, auch bisherige Ergebnisse loszulassen und neutral - d.h. ohne vorgefertigte Meinung - die einzelnen Fakten neu zu untersuchen.

Beginnen wir mit dem sogenannten Eingang der Pyramide, der Öffnung, die 820 von dem Kalifen Al-Mamun gefunden wurde.
Sie liegt ca. 10 Steinschichten, rd. 15 Meter, über dem damaligen Bodenniveau der Pyramide in der dreieckigen Nordseite, etwas östlich von der Süd-Nord-Mittelachse des Bauwerkes.
Die Öffnung war ursprünglich von einem waagerechten schließenden "Drehstein" verschlossen, dessen Achse zwischen den heute noch sichtbaren Steingiebeln verankert war.

Ist diese Öffnung der Eingang?

Nachweislich war die Pyramide mit glatten, fast fugenlosen Kalksteinplatten bedeckt, die in einem steilen Winkel von 51,51° angebracht waren.

Wie nun sollen die Priester - allen voran die älteren Brüder - auf einer so glatten und steilen Fläche von rd. 15 Metern Höhe zu der Öffnung hinaufgekommen sein?

Wie kann selbst ein überdurchschnittlich beweglicher Mensch auf einer 51° glatten, steilen Fläche stehen und den tonnenschweren Drehstein von unten nach oben anheben, ohne den Halt zu verlieren?
Sind unsere beiden Fragen denn so ungewöhnlich, als daß sie bisher nie von den Forschern gestellt wurden? -

Eine Treppe zu der Öffnung an der Pyramide gab es nach den alten Berichten nicht.
Sie wäre vom ganzheitlichen System auch nicht verständlich, da gerade die glatten Pyramidenseiten mit ihren zur Mitte leicht nach innen gewölbten Flächen als Spiegel des Sonnenlichtes gedacht waren, was

der ägyptische Name der Pyramide belegt. Er heißt übersetzt: "Licht". Sicher wird auch der Begriff "Licht" ganzheitlich - geistig - zu sehen sein und sich nicht nur auf die Sonnenreflektionen beziehen.

Wenn die Öffnung kein Eingang sein sollte, dann vielleicht ein Ausgang?

Auch hier stellt sich die Frage, wie man aus solcher Höhe heil im steilen 51°- Winkel die spiegelglatte Fläche herunterkommt.

Wahrscheinlicher ist der Gedanke, daß es sich bei dem Gang und seiner Öffnung um ein System für die Luftzirkulation handelt, das gleichzeitig "Fernrohr" war, mit dem bestimmte Sterne wie z.b. der damalige Polarstern beobachtet und vermessen wurden.

Vielleicht war diese Öffnung noch ein "Notausgang" für bestimmte, mit den "inneren Geheimnissen" verbundenen Erlebnissen?

Sollten wir zu der Erkenntnis kommen, es handelt sich um keinen typischen Eingang, dann kann man natürlich im Rahmen von Prophezeiungs-Berechnungen auch nicht von diesem Punkt als Berechnungsanfang (Eingang) ausgehen.

Die vielen Versuche durch Vermessungen der Gänge, die Zukunft der Welt präzise offenzulegen, haben sich mit dem immer noch fehlenden Eingang daher wohl von selbst erledigt, da die wirkliche Grundlage, der richtige "Anfang", dem der Evolutionsweg des Universums analog des Gangsystems folgt, für die Vermessungen bisher völlig fehlt!
Der oder die Eingänge müssen also woanders liegen.
Mit Sicherheit sind sie leicht zugänglich, damit auch Priester, die älter waren, sie benutzen konnten.

Zu diesem Themenbereich kommen noch weitere Faktoren.

Untersucht man die vorhandenen Berechnungsmethoden für die Prophezeiungen, so stellt sich ein weiterer Fehler ein.

Als Berechnungsgrundlagen wurden bisher fast ausschließlich die Längen und Breitenmaße der Gänge und Räume herangezogen.

Die große Pyramide ist aber nicht zweidimensional, sondern dreidimensional erbaut!
Sie hat Maße von Längen, Breiten und Höhen.
Aus diesen Werten lassen sich auch die Kubikinhalte der Gänge und Räume ermitteln, die für Voraussagen sicher ebenso elementar und notwendig sind. Denn alles Leben - auch das Universum - besteht aus ''Raum''!
Durch fehlende Einbeziehung der Kubik-Werte ist daher im Ergebnis davon auszugehen, daß die vielen mühsamen Berechnungen für die Zukunft auch aus diesem Grunde nicht auf dem richtigen Zahlenmaterial aufbauen; die errechneten Zukunftsdaten der bisherigen Forscher beweisen, daß bis auf extrem wenige Zahlen keine schlüssigen - also richtigen - Ergebnisse ermittelt werden konnten, was aufgrund dieser Fakten auch nicht wundert. Allein die ermittelten Daten von Lemesurier anhand der Pyramidengänge zeigen, daß diese Daten wahllos kreuz und quer in einzelnen Gangabschnitten ermittelt wurden, ohne der göttlichen Ordnung - dem in sich logischen (linear, also nacheinander entstehenden) Ablauf des Werdens - dem Entwicklungsweg des Lebens - zu folgen.

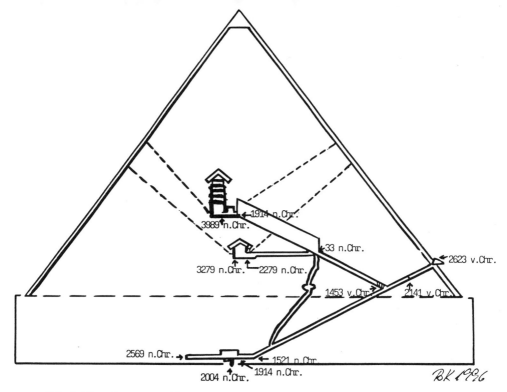

Abb. 1: Plan der spirituellen Entwicklung des Menschen nach Lemesurier in der Cheops-Pyramide. Die ungeordnete Zahlenanordnung spricht für sich und zeigt deutlich, daß die Jahreszahlen Zufälligkeiten, aber kein System darstellen. Nach der Ordnung des Universums müßten die einzelnen Jahre und ihre "markanten Punkte" folgerichtig nacheinander entstehen, da sich alles nach einer aufeinander aufgebaiuten Ordnung vollzieht.

Wenn sich aber alles im Universum nacheinander entwickelt, müssen auch die Prophezeiungen entsprechend im Gangsystem aufeinanderfolgend zu ermitteln sein, so, wie man Schritt für Schritt den Gängen folgt, was eindeutig hier nicht der Fall ist.
Der "Geheimcode Cheops" ist also bisher nicht "entschlüsselt" worden!

Interessanterweise wurden die Berechnungen und ihre Deutungen immer von europäischen Forschern ermittelt. Sie legten "ihre Daten" daher ausschließlich auf den europäischen Raum aus.

Leider vergaßen die Forscher zu erwähnen, daß sie in der Pyramide zu "ihren ermittelten Zahlen" keine Hinweise gefunden haben, durch die die errechneten Prognosen nach Europa zu verlegen sind.

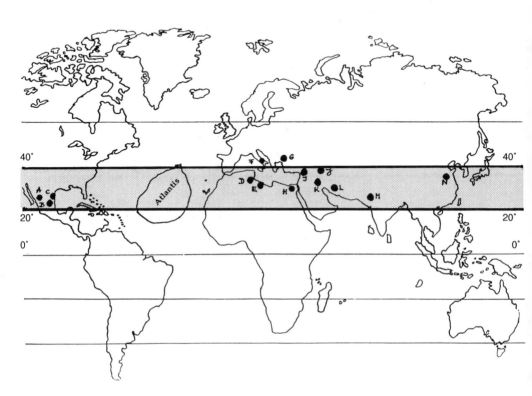

Abb. 2: Gürtelzone der Breitengrade, in denen sich die früheren Hochkulturen entfalteten. A) Azteken, B) Olmeken, C) Maya, D) Karthager, E) Mineor, F) Römer, G) Griechen, H) Ägypter, I) Phönizier, J) Assyrier, K) Babylonier, L) Perser, M) Indus-Kultur, N) Gelber-Fluß-Kultur.

Vor rd. 4500 Jahren lag der Kultur-Mittelpunkt der Erde zwischen dem 20. und 40. Breitengrad in den Ländern Ägypten, Babylon, Mesopotamien etc.

Unterstellen wir Prophezeiungen in der Pyramide, so wäre wohl eher zu vermuten, daß sie die alten Kulturregionen ihrer Erbauungszeit betreffen; ausgenommen, es sind mit den Zahlenwerten anderslautende, deutliche Hinweise auf einen anderen Kulturbereich in der Pyramide vorhanden.

Ebensowenig ist bisher geklärt, ob der Code-Schlüssel der Pyramide nicht im Universum, in kosmischen Zahlen - den kosmischen Zahlengrundlagen - zu finden ist, von denen die gefundenen Daten und somit unsere Mathematik lediglich ''erste Ansätze'' des Zahlenschlüssels sind.
Könnte man - vielleicht sogar in der Pyramide - die Weltformel finden, würde diese Erkenntnis größtes Wissen eröffnen.

Einsteins Relativitätstheorie könnte ein Baustein auf diesem Wege sein.

Wollte der Baumeister der Pyramide lediglich Zahlen und Werte - so auch Prophezeiungen durch Zahlen der Nachwelt erhalten, es wäre viel wirtschaftlicher und sinnvoller gewesen, von der Pyramide eine maßstabsgetreue Perspektiv-Zeichnung auf einen großen Stein meißeln zu lassen und diesen besonders geschützt zu verwahren.
Da aber ein solches gewaltiges Bauwerk entstand, muß es einen tieferen Sinn geben, warum man dieses ''Lehrbuch aus Steinen'' räumlich vermessen und sogar begehen kann, ja muß, um die wahren Grundlagen zu erkennen.

Daß die seinerzeit gefundene Öffnung noch heute allgemein als ''der Eingang'' angesehen wird, beweisen leider auch die neueren Bücher über die große Pyramide.

Der sich dem ''Eingang'' anschließende Gang wird einheitlich als der ''Absteigende Gang'' bezeichnet. Diese Aussage ist aber nur dann sachlogisch richtig, wenn die gefundene Öffnung "der wirkliche Eingang" ist.

Da es sich hierbei aber nicht um einen Eingang handelt, müßte der sogenannte "Absteigende Gang" wohl zwangsläufig mindestens ein "Aufsteigender Gang" sein, insbesondere wenn es stimmt, daß die richtigen Eingänge in Höhe des Bodenniveaus zu finden sind.

Wurde der sog. "Absteigende Gang" mit der Öffnung zur Beobachtung von Sternen genutzt, wäre der Blick durch ihn ebenfalls von innen heraus als "Aufsteigend" - gen Himmel gerichtet - zu benennen, somit ist die bisherige Definition falsch und vollkommen irreführend.

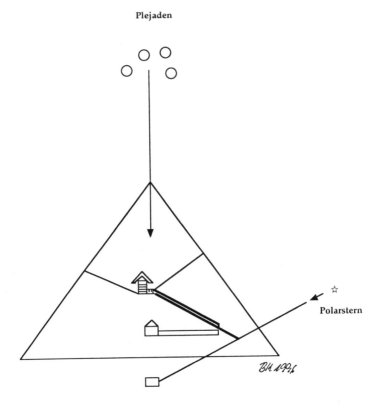

Abb. 3: Stellung der Plejaden und des Polarsterns zu den Kammern und Gängen der Großen Pyramide im Herbst des Jahres 2170 v. Chr.

Der Baubeginn der Pyramide wird nach heutiger wissenschaftlicher Forschung in die Zeit von ca. 2170 vor unserer Zeitrechnung angesetzt, da zu dieser Zeit der damalige Polarstern Alpha Draconis genau in den sogenannten ''Absteigenden Gang'' hineinschien. Diese Zeit ist nach wissenschaftlicher Meinung identisch mit der Herrschaft des damaligen Pharao Khufur, dessen griechischer Name ''Cheops'' sein soll.

Als man in den Entlastungskammern die über der Königskammer in der Pyramide liegen, eine Kartuschenmalerei mit den Zeichen für Cheops [Khufur]*) fand, galt dies als Bestätigung für den Bauherrn der Pyramide und seine Regierungszeit für die Jahreszahl der Entstehung. Würde man auch diese Daten ganzheitlich untersuchen, wäre es nötig festzustellen, wann welcher andere Polarstern früherer Zeiten ebenfalls in den sog. ''Absteigenden Gang'' schien. Wir würden dann sicherlich auf eine Zeit von ca. 4300 Jahren vor Christus kommen, was dann vermutlich auch dem Erbauungsdatum der großen Pyramide entspräche.

Des weiteren müßte der Namensbegriff Khufur untersucht werden. Man würde dann ohne viel Phantasie auf den Begriff ''Khu'' kommen, der für Göttlichkeit - Heiliger Geist - im weitesten Sinne steht.

Genauso ist es möglich, daß ''Khufur'' als einer der letzten Hohe-Priester - die gleichzeitig Pharao waren - den Auftrag vor ca. 6000 Jahren hatte, die Ein- und Ausgänge der Pyramide zu versiegeln. Unterstellen wir diesen Gedanken, dann ''arbeitete er also am Bau'' und ließ die Gänge schließen.

Wenn diese Hypothese richtig wäre, und durch Überlieferungen weitergetragen wurde, wie schnell könnte daraus Khufur ''der Bauherr der Pyramide'' werden?

---

*) *Irreführend ist hier die Tatsache, daß in der Kartusche der griechische, nicht der ägyptische Name steht!*

Erinnern wir uns nur an unsere Jugendzeit. Wer kennt nicht das Stille-Post-Spiel, bei dem wir eine sehr kurze Botschaft unserem Nebenmann ins Ohr flüsterten und jener diese Botschaft originalgetreu in des nächsten Nachbarsohr leitet, bis der letzte Spieler im Kreis die Botschaft laut verkündet.

War die verkündete Botschaft nicht fast immer sinnverändert?

Genauso wäre es möglich, daß der ''Bauherr der Pyramiden-Versiegelung'' so im Laufe der Zeit zum ''Bauherrn der Pyramide'' wurde.

Ebenso könnte es mehrere ''Khufurs'' zu verschiedenen Zeiten gegeben haben, so daß allein aus der Kartuschenmalerei in den oberen Entlastungskammern sich kein zwangslogisches Ergebnis ableiten läßt.

Vermutlich wurde die Kartuschenmalerei in wesentlich späterer Zeit, kurz nach Öffnung der sog. ''Entlastungskammern'' durch die europäischen Forscher nachträglich gezeichnet.

Der geistige Sinn der oberen Entlastungskammer verbietet hier eine Beschriftung, da diese Kammern die höchsten geistigen Ebenen symbolisieren. In diesen Ebenen gibt es nur noch Schöpfung, d.h. Energie, aber keine niedere Schriftform mehr.

Wenn ''Khufur'' als ''göttlicher Begriff'' großen Männern der damaligen Zeit quasi als Ehrerbietung oder gar Einweihungstitel verliehen wurde, wäre es logisch, daß vor ca. 6000 Jahren ein Hohe-Priester diesen Beinamen erhielt, der Baumeister der großen Pyramide war. Ebenso können spätere Pharaonen sich dieses ''göttlichen Titels'' einfach bemächtigt haben.

Ebenfalls ist es möglich, daß ''der Khufur'' nicht vor ca. 4170 Jahren, sondern eben vor ca. 6300 Jahren lebte.

Solange die wirkliche Herkunft und Bedeutung des Begriffs Khufur nicht gelöst ist, kann man nicht automatisch von diesem Pharao als Erbauer der großen Pyramide sprechen, der vor ca. 4170 oder gar 6300 Jahre diesen Namen trug.

Vielleicht ist Khufur auch ein Namensbegriff, der für die höchste, göttliche Weisheit, für den Heiligen Geist, dem Allwissen, die göttliche Ordnung, steht.
Ähnlich dem sehr alten Namen des ägyptischen Gottes Thoth, des Gottes des Schreibens und der Weisheit.

Wenn beide Namen - Khufur wie Thoth - den gleichen Sinninhalt haben oder gar die gleiche Person meinen sollten, könnte Thoth, dessen griechischer Name Hermes Trismegistos ist und als Gründungsvater Ägyptens angesehen wird, zumindest der geistige Vater der Pyramide gewesen sein !
Damit wäre aber noch nicht geklärt, woher das große, geistige Wissen kam.

Nachdem wir nun feststellten, daß wir uns von den Begrenzungen unserer festgefahrenen Vorstellungen lösen müssen, um vorurteilsfrei durch die ''ganzheitliche Betrachtungsweise'' zu klareren Resultaten zu kommen, sind wir jetzt sicher bereit, die ''Hypothese'' der ganzheitlichen Erforschung einzusetzen, die uns die Antworten der bisherigen Rätsel ''im Großen'' finden läßt.

Lassen Sie uns nun ''hypothetisch'' zurückgehen in die Zeit, in der sich die Religion durch das Leben selbst offenbarte, damit wir auf dieser Grundlage die Gesetze erkennen, die zum Bau der großen Pyramide führten.

TEIL 2

Die Entwicklung des alten Wissens

Durchdringen wir gemeinsam die Jahrhunderte, Jahrtausende; die Zeitalter unserer Erdentwicklung, die Äonen genannt werden.
Lassen wir unser inneres Empfinden in einer Zeit ruhen, die weit vor unserer war, deren Jahreszahlen uns durch das Alter selbst nicht mehr bewußt werden - die ''graue Urzeit!''

Wir sind jetzt in einer Epoche angelangt, in der die Menschen schon seit geraumer Zeit die Erde bevölkerten.
Sie werden eine der ''ersten Rassen'' genannt.
Vielleicht sahen sie anders aus, hatten eine andere Körperstruktur als wir heute. Sie besaßen sicher auch andere Fähigkeiten, die anfangs vorwiegend ihre elementaren Bedürfnisse abdeckten:
Eine sichere Schlafstatt des nachts, Nahrungssuche, Fortpflanzung und leben in der Gemeinschaft.

Sie lebten in einem Land hoch im Norden.
Noch heute wird dieses Land von den Engländern ''Green-Land'' - ''grünes Land'' - bezeichnet. Uns ist es als Grönland bekannt!

Aus diesem Land, so erzählen die alten Chronologien der indischen Brahmanen (Wissenden) in den Veden, kam einst (vor sehr langer Zeit) Rama, der Kriegerpriester aus dem Norden in ihr Land.
Rama, der hohes Wissen mit sich brachte, hat als Verbreiter des Wissens durch seine Tatkraft vielleicht dem ersten Zeichen des Tyr-Kreises (phon. Tierkreis) seinen Namen gegeben - Ram - der Widder!

Lange bevor diese Wanderung des Rama bis nach Indien hinein entstand und die Anfänge der menschlichen Entwicklung kulturell mit

großen Schritten über die Welt voranging, befaßten sich die Menschen hauptsächlich und intensiv mit ihrem direkten Lebensumfeld und der Nahrungssuche.
Der regelmäßige Wechsel der Pflanzenwelt - vom Keimen über Blühen und Vergehen - von denen der Mensch lebte, inspirierte ihn, über das Leben nachzuempfinden.
Er sah ähnliche Entwicklungsstufen auch bei den ihn umgebenden Tieren, wie in der eigenen Lebensgemeinschaft.
Überall fand er in der Natur das Gesetz von:

sich entwickelndem Leben   - Geburt
stetigen Leben   - Dasein
und ausklingenden Leben   - Tod.

Diese Dreiheit war ebenso im Himmel vorhanden:

das sich entwickelnde Licht - der Sonne am Morgen
das stetige Licht   - der Sonne während des Tages
das ausklingende Licht   - der Sonne, zur Nacht.

Er erlebte täglich morgens die Geburt der Sonne; am Abend ihren Tod, dem am folgenden Morgen eine neue Geburt der gleichen Kraft (der Sonne) folgte. Aus dieser Erkenntnis wuchsen in ihm erste Ahnungen über eine stetige Wiedergeburt des Lebens.

Diese Dreiheit auf Erden und am Himmel bestimmte des Menschen Lebens-Rhythmus. Sie war und ist unveränderlich, daher gegeben und heilig!

Mit der Erkenntnis dieses vorgegebenen Rhythmusses kamen dem Menschen die ersten Fragen nach dem eigenen ''Woher'' und ''Warum'' auf.

Auf der Suche nach Antworten betrachtete der damalige Mensch seine Umwelt mit wachem Interesse.

Mit der Zeit erkannte der Mensch, daß in seiner von ihm erkannten heiligen Dreiheit eine Vielheit von insgesamt 12 Lebensabschnitten vorhanden war, die er bei den Beobachtungen von Pflanzen herausfand:

1. So tritt das Pflanzenleben in Erscheinung, wenn der Keim die Erde durchstößt und die Hüllblätter aufgehen.

2. Die Pflanze beginnt Nahrung aufzunehmen und zu wachsen.

3. Die Pflanze blüht.

4. Die Pflanze ist ''geschlechtsreif'' und wird befruchtet.

5. die Pflanze keimt innerlich in ihrem Fruchtknoten.

6. Die Pflanze gibt dem neuen Leben ihren Saft zum Wachsen.

7. Die Pflanze begibt sich zur Ruhe, während die Früchte reifen.

8. Die Pflanze stirbt.

9. Die Pflanzenwurzel sammelt, stärkt, wandelt und verjüngt sich in der Erde.

10. Die Lebenskraft der Pflanze ersteht auf.

11. Die Pflanze entwickelt erneut Saft zum Leben.

12. Durch Einbindung der Säfte schwellen die Knollen an und bereiten die Geburt durch das Erdreich vor.

Mit der Erkenntnis über die jedes Jahr wiedergeborenen Pflanzen erwachte im Menschen immer deutlicher das Bewußtsein über Leben und Tod; daß das Leben mit dem Tod nicht endet, sondern wie bei den Pflanzen weitergeht.

Der naturverbundene Mensch teilte sodann sein Leben nach diesen 12 Lebensstufen ein. Er bewahrte, der Schrift noch nicht mächtig, dieses Wissen in seinen mündlichen Überlieferungen. Der Himmel wurde "sein Buch" über diese Erkenntnisse.

Er schrieb den Lebenszyklus der Pflanzen, den er nach seinem nordischen Gott Tyr, "der alles Leben neu beginnen läßt", benannte, "an das Himmelszelt".
So entstand der Tyr-Kreis "des sich stetig wandelnden Lebens" mit seinen uns bekannten 12 Zyklen und Symbolen. Im Laufe der Zeit wurde durch die mündliche Überlieferung aus dem Gott Tyr die phonetische Bezeichnung "Tier". Seitdem nennen wir den Zodiak statt Tyr-Kreis, den Tierkreis.

Da das Pflanzenwachstum durch die Sonne entsteht, sahen unsere Vorfahren in ihr die Energie, die das Leben aus der Erde rief und durch ihre Liebe (das Sonnenlicht) das Wachstum förderte.
In der Strahlen-Energie der Sonne erkannten sie den Lebensspender, der

1. **im Frühjahr** - zum Jahresanfang - durch seine Kraft die Pflanze erweckt,

2. **im Sommer** durch seine Wärme das Pflanzenwachstum bis zur Geschlechtsreife bringt,

3. **im Herbst**, wenn die Pflanzen ihre Früchte ausgetragen haben und sterben, seine lebende Energiestärke verliert,

4. im Winter kraftlos am Himmel durch seine Gegenwart zeigt, daß es kein Ende, sondern - nach einer Ruhephase - einen steten Neuanfang gibt, aus dem zum Frühling mit neuer Kraft das (Pflanzen-)Leben wieder geboren wird.

Diese vier, sich ständig wiederholenden Lebensabschnitte, ordneten die Menschen der physischen Entwicklung zu, da sie sich direkt auf Erden auswirken. Seitdem steht die Zahl 4 für die Natur und für die materielle Schöpfung.

Die vier geistigen, nichtstofflichen Ergänzungen zur physischen Vierheit in der Sonne - ihr Licht, ihr Feuer, ihre Wärme und ihre Kraft - sie zusammen werden als die Liebe (aufbauende Energie) des Lebensspenders angesehen. Durch diese Liebe lebt alles - seit Anbeginn der Zeit!

Die vier geistigen Teile als Ursprung wirken direkt auf die vier physischen Lebensabschnitte 4 + 4 = 8. Die 8 stellte somit den ewigen Kreislauf des Lebens dar. Seitdem steht die 8 für die Unendlichkeit - die Ewigkeit des Lebens.

Den damaligen Menschen mußten diese Erkenntnisse große Zufriedenheit gegeben haben.
Hatten sie doch so ihren geistigen Vater - den Spender ihres eigenen Lebens - ihr "Woher" gefunden.

Wenn alle Pflanzen wachsen - also leben - Tiere und Menschen leben, dann muß die Kraft des Lebensspenders, da aus ihm ja alles Leben entsteht, auch Leben in sich haben;
somit lebt auch die Sonne!

Durch lange Zeiten der Natur-Beobachtungen fanden die Alten am Himmel des weiteren 7 Planeten, die sie nach ihrem Durchlauf des Tyr-Kreises ordneten.

Jedem Planeten wurde ein Name zugeteilt. Es entstanden:

Mond - Merkur - Venus - **Sonne** - Mars - Jupiter - Saturn.

Die gefundenen, sieben himmlischen, sich bewegenden Körper (Planeten) sowie die siebentägig wechselnden Mond-Phasen von Neu-, zunehmendem, Voll-, abnehmendem und wieder entstehendem Neu-Mond verursachten in den Wissenden ebenfalls eine große Ehrfurcht vor den himmlischen Kräften.
Die vier Mondphasen von 7 Tagen, bildeten so die Woche mit 7 Tagen und den Monat.
Die mehrfach gefundene Zahl 7 wurde als der heilige Grundbaustein Gottes (des Universums) bezeichnet.

Die Abhängigkeiten zwischen Himmel und Erde fanden unsere Vorväter deutlich in den Auswirkungen von Sonne und Mond zur Erde: Ebbe und Flut sowie Pflanzenwachstum durch intensive Sonnenbestrahlung und Klimaveränderungen, die auf Erden durch aktive Sonnenflecken entstehen, zeugen noch heute von der geheimnisvollen Bindung der Planeten zur Erde.
Tag und Nacht sowie Sonne und Mond bildeten daher für unsere Vorfahren die ersten sich ergänzenden Duale; das duale Prinzip, aus dem die gesamte Schöpfung - das Leben - besteht.
Wenn die Kräfte der Himmelskörper sich direkt auf der Erde auswirken, dann müssen auch in ihnen Lebenskräfte wirken. - Somit lebt nicht nur die Erde, der Mond und die Sonne, sondern auch das ganze Universum.

Diese Erkenntnisse waren die Grundlagen aller alten Lebensanschauungen und Religionen.
Die ersten alten Religionen waren daher Sonnen- oder Mond-Kulte.

Aus diesem Wissen heraus erforschten die Menschen die gesamte Natur.

Sie fanden weitere göttliche Gesetze - wie die vier Elemente - aus denen die Materie - Vierheit besteht.

Das Feuer,
    das als Blitz vom Himmel - vom Vater - kam.

Die Luft
    das ätherische -unstoffliche - Element, das voller Leben ist.
    Denn ohne Luft stirbt man - also ist in ihr das Leben !

Das Wasser,
    das verbindende schöpfende Glied zwischen Himmel und Erde.
    Auf Erden ist Wasser übermäßig vorhanden, verdampft durch Wärme und kommt als Regen wieder vom Himmel.
    Es ist als Wasserstoff das Grundatom der Erde.

Die Erde,
    ist der Sohn von Sonne und Mond;
    aus beiden entstanden und von beiden behütet.
    Am Tag durch den Vater - die Sonne;
    nachts durch den Mond - die Mutter.

Die Vierheit der Elemente Feuer, Wasser, Luft und Erde finden wir auch in den 12 Bildern im Tyr-Kreis des Zodiaks (dem großen Tyrkreis) wieder.

Die Sternbilder

          Löwe
        △
Schütze   Widder   bilden das feurige Dreieck Gottes

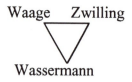

Waage   Zwilling

Wassermann   bilden das luftige Dreieck Gottes

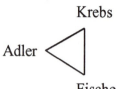

    Krebs

Adler

    Fische   bilden das wässrige Dreieck Gottes

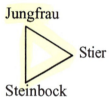

Jungfrau

        Stier

Steinbock   bilden das irdische Dreieck Gottes

Die vier Dreiecke mit ihren jeweils drei Sternbildern ergeben viermal das göttliche Dreieck (die göttliche Dreiheit) 4 x 3 = 12, die Gesamtheit des Lebenszyklusses des Sonnensystems.

Auch Pythagoras ermittelte die Zahl 12 als den Gesamtbaustein des Universums durch folgende okkulte Rechenschritte:
Die Zahl **1** steht für den Ursprung (Gott), aus dem das zweite (duale), seine Offenbarung, die **2** entsteht.

Da **1** der Ursprung ist und **2** die aus den Ursprung entstandene geistige Materie, ergibt:

Ursprung + geistige Materie = die gesamte Schöpfung
1   + **2**   = **12**

12 ist daher nach okkulter Rechnung die geschöpfte Materie.

Daß die 12 wiederum auf der göttlichen Grundlage aufbaut, ergibt die Rechnung: **12 = 1 + 2 = 3**.

3 steht für das göttliche Dreieck - die Dreiheit Gottes - aus der die Zahl 12 - die gesamte Schöpfung - entsteht.

Die 7 ist daher der Grundbaustein des Universums,
die 5 beinhaltet die Zusatzbausteine des Universums *)

Die 12 ist daher der Gesamtbaustein des Universums, der inzwischen durch die gefundenen 12 Planeten unseres Sonnensystems belegt ist.

Aus diesem Wissen heraus entstanden aus den Sonnenkulten die Kulte der Elemente;
aus ihnen dann im Laufe der Zeitalter die großen alten Religionen der Welt.

Der Mensch sah sich seine Natur immer genauer an und erkannte weitere Verbindungen zwischen dem Wissen des Tyr-Kreises, der Sonne und den Elementen.

Wenn alles mit dem Leben der Sonne erfüllt ist, alles seinen Platz und einen Sinn, eine Ordnung hat, dann muß diese Absicht einem Gedanken, einer Planung unterliegen.
Planung aber bedingt "bewußtes Denken" - damit war die Erkenntnis geboren, daß im Ursprung und in allem Leben ein "intelligentes Bewußtsein" lebt.

So war das "Gutthe" - Positive in allem Leben - erkannt, aus dem später der Begriff "Gott" entstand.

---

*) *Astrologen bis in unserer Zeit fanden inzwischen insgesamt fünf weitere Planeten in unserem Sonnensystem, insgesamt also 12.*

Gott - die intelligente Kraft - offenbart(e) sich durch die Sonne - RA - in seiner heiligen Dreiheit

dem Sonnenaufgang — - am Morgen
seinem stetigen Licht — - am Tage
und seinem ausklingenden Licht — - am Abend.

Gott legt(e) Zeugnis von seinem Wesen ab in der Vierheit, seiner Wirkung auf Erden (der Materie):

- durch seine beginnende Stärke im Frühling

- seine große warme Kraft im Sommer

- seine abnehmende Kraft im Herbst

- und seine ruhende Präsenz im Winter.

Die Dreiheit der Offenbarung Gottes und seine vierfache Wirkung auf Erden ergaben ebenfalls die heilige Siebenheit, den Grundbaustein, aus dem alle Schöpfung besteht.

So wie die Planeten und Mondphasen die heilige **7** offenbarten, bestätigt(e) Ra - die Sonne - durch seine Präsenz und sein Wesen diese große Erkenntnis - den Grundbaustein des Universums, die 7.
Dieser heilige Baustein 7 ist daher in allen großen Religionen - so auch in der großen Pyramide - zu finden.
Durch ihn wird der Aufbau der Welt erklärt.

Betrachten wir das Sonnenlicht durch ein Kristallprisma, erscheinen durch die Lichtbrechung, d.h. durch die Schwingungsreduzierung des Lichtes sieben Farbstrahlen - die für das Auge sichtbar werden - aus dem ursprünglichen ''weißen'' Sonnenlicht.

Inzwischen wissen wir auch, daß

1. alle Säugetiere 7 Halswirbel besitzen,

2. die Muskelstränge des Menschen aus 7 Einzelsträngen bestehen

3. die Zellen des menschlichen Körpers sich in einem 7-Jahres-Rhythmus vollkommen erneuern - durchschnittlich 10 - 12 x pro Leben;

4. der Mensch durch 7 (endrokine) Drüsen seinen Körper belebt

5. Der Mensch aus 7 zweiteiligen Organen besteht: Gehirn, Augen, Ohren, Nase, Lunge, Nieren (incl. Blase), Hoden bzw. Eierstöcke.

6. Er desweiteren 7 Einzel-Organe hat: Mund, Kehle, Herz, Magen (incl. Darm), Leber, Milz sowie die Geschlechtsteile.

7. Alle Organ-Teile zusammen die Zahl 21 ergeben; was 3 x die heilige Siebenheit symbolisiert.

8. Alle Gelenke des Menschen 70 an der Zahl sind. (0) ist die potentierte Heilige 7(0).

9. Der Mensch aus 7 ''Sinnen'' besteht: Tasten, schmecken, riechen, sehen, hören, intuitive Wahrnehmung und ''bewußte geistige Wahrnehmung'' (Schau).

Die letzteren beiden Sinne sind bei wenigen Menschen; der letzte nur bei vereinzelten Menschen entwickelt.

Die Zahl 7 scheint daher wirklich der Baustein der Schöpfung zu sein.

Die früheren Menschen drangen noch weiter in die Natur-Gesetze Gottes ein. Sie fanden heraus, daß die bereits erwähnte Zahl 4 auch in den Lebensbereichen auf Erden überall vorhanden ist, so:

im Reich der Minerale,	deren Evolutions-Bestimmung es ist, Gravitation (Schwerkraft) zu bilden,
im Reich der Pflanzen,	die auf das Sonnenlicht reagieren,
im Reich der Tiere,	die in ihrer Evolution aus dem Reagieren auf Sonnenlicht heraus ein instinktives Bewußtsein entwickeln
im Reich der Menschen,	die gegenüber allen anderen Reichen als einzige voll-bewußt wissen, "das sie sind" - also leben. Diese bewußte Kenntnis "zu sein" machte den Menschen zur "Krone der Schöpfung", z.Zt. höchstentwickelten Spezis auf Erden.

Mit seiner Erkenntnis "über sich selbst" übernahm der Mensch die Verantwortung für die Erde und ihre Entwicklung.

Daß der Mensch mit den drei anderen Reichen direkt verbunden ist, kann man an seiner Struktur leicht erkennen.
Sein starkes, häufig emotionales Verhalten zeugt vom Vorhandensein eines tierischen Instinktbewußtseins;

seine Nahrungskette ist von den Vitaminen und Nährstoffen pflanzlicher Nahrung abhängig, die er assimiliert und in Lebensenergie umwandelt.

Seine Grundstruktur entsteht aus vielen Spurenelementen der Mineralwelt, wie z.B. Eisen, Magnesium, Kalzium etc.

Da der Mensch durch die Natur direkt mit Gott in seiner Entwicklungskette verbunden ist, entwickelten sich anfangs die Naturreligionen. Sie wuchsen im Wissen mit der wachsenden Erkenntnis der Natur. So entstanden die ''Heiler'', die späteren Ärzte und die ''Seher'', aus denen sich die Priesterschaft und die Wissenschaften entwickelten.

Durch stetiges Erforschen des Ganzheitlichen im ''Großen wie im Kleinen'' entstanden und entstehen auch noch heute durch die Wissenschaft immer tiefere Erkenntnisse von der Natur Gottes, durch Auffindung von Naturgesetzen und deren Anwendung damit auch über ihren Schöpfer.

Aus den Naturreligionen wuchsen mit der Zeit soziale Regeln, aus denen, gemäß dem mentalen Bewußtsein der einzelnen Völker, deren ethische Lebensgrundsätze entstanden.

In Indien entwickelte sich so eine sehr harmonische Religion, die Urform des Hinduismus. Sie legt in ihren heiligen Texten - den Veden - das soziale Miteinander, die Rechte und Pflichten des einzelnen fest; teilte die Menschen in verschiedene Entwicklungsstufen - die vier Kasten - ein und regelte, wie die einzelne Familie der Gemeinschaft dienen soll.

Das System der Kasten ist übrigens weltweit auch heute noch verbreitet.
Genaugenommen bildet eine jede soziale Schicht eines Volkes eine Kaste wie z.B.
1. die Landarbeiter und Handwerker
2. Beamte und Kaufleute
3. Soldaten
4. Geistliche und Führer.

Die sozialen Schichten sind bei den Menschen und Tieren - als Rangordnung - ein Naturgesetz des Lebens.
Denn Gleiches zieht immer Gleiches an; ordnet und strukturiert die Evolution, läßt "Ungeeignetes" aussterben und "Geeignetes" sich entwickeln.

Aus den tiefen Erkenntnissen über ein notwendiges moralisches Leben miteinander entsprangen aus der Liebe zur Natur und Schöpfung, ihrer Ordnung, die darin enthaltenen verschiedenen Gott-Eigenschaften.
Diese Eigenschaften wurden zum besseren Verständnis von den Menschen als "einzelne Götter" personifiziert, welche sie dem "Einen Gott" - dem Ursprung, Gottvater - "unterstellten".

Es entwickelten sich regelrechte Schulen, in denen Menschen, die nach Wahrheit suchten, in eine Gemeinschaft Gleichgesinnter eintraten und durch Belehrungen und Führungen von denen, die auf diesem Wege bereits vorangeschritten waren, immer tiefer in die Geheimnisse der Schöpfung eingewiesen wurden.

Prophetenschulen, Klöster, Tempel, ...
sie alle waren für die Bewußtseinsentwicklung der Suchenden in den frühen Zeitaltern zuständig.

Aus der Naturlehre entstand im Laufe der Zeit eine starke soziale "Wissenschaft", die mit wachsender Kultur immer größere Erkenntnisse über die Weltentwicklung und ihre Naturgesetze entdeckte.
Grundlage jeden Fortschrittes war immer die Liebe zur Natur - "dem Ernährer" - durch die Gott, der Schöpfer, mit seinem unsichtbaren Leben überall wirkt.
Die anfangs erwähnte heilige Siebenheit wurde den Menschen immer bewußter und offenbarte sich im Laufe der Zeit in vielen detaillierten Beobachtungen.
So entstanden die "geheimen Mysterien", die in ihrer Gesamtheit das Wissen über die Naturgesetze darstellten, welche die Allgemeinheit

aufgrund ihrer geringen geistigen Reife (Entwicklung) nicht verstehen und nutzen konnten.

Das heilige hohe Wissen öffnete sich daher nur denen, die um diese Gesetze bewußt rangen; die in die damaligen "Schulen", die Priestergruppen, eintraten, und oft unter Einsatz ihres physischen Lebens bewiesen, daß sie bereit und reif genug waren, alles Äußere aufzugeben, um Gott erkennen und entgegentreten zu wollen.

Der Ursprung der ägyptischen Kultur

Im Laufe der Äonen erreichte das hohe Wissen - aus dem Norden kommend - über Indien und das heutige Europa den 20 bis 40 Breitengrad. Hier entstanden Kulturen höchster Güte: Azteken, Maya, Olmeken, Karthager, Römer, Griechen, Minoer, Phönizier, Assyrer, Babylonier, Perser, Indus, Gelber-Fluß-Kultur - siehe Bild 2, Seite 24.
Ägypten jedoch war zu jener Zeit recht unbedeutend. Es war eine Kolonie eines großen wissenden Volkes, das westlich der "Säulen des Herkules" - der Meerenge von Gibraltar - in dem "großen Meer" lebte.

Das Volk wurde nach seiner ca. 330.000 qm großen Insel im atlantischen Ozean benannt.
Die alte Übersetzung für die Insel Atlantis - At-Lan -kann übersetzt werden mit
Berg im Wasser, Wasserberg etc.

Hier haben nach ältesten Überlieferung über viele Zeitalter die Atlanter gelebt.
Dieses Volk hatte seine Erkenntnisse von Gott und seiner Natur auf eine hohe Kulturstufe entwickelt.
Sie betrieben Handel und Seefahrt, gründeten Kolonien und weiteten ihr Imperium nach Osten bis nach Ägypten hinein aus; schufen Kolonien im heutigen Amerika und Süd-Amerika; im Baskenland bis hoch in den Norden.

Die Existenz des atlantischen Volkes und seiner Insel ist bisher oft von der herrschenden Wissenschaft abgelehnt und belächelt worden.

Erst in den 50er Jahren gelang - gegen die herrschende ablehnende Meinung der Wissenschaft - der Beweis von Atlantis. Interessanterweise gleich durch mehrfache wissenschaftliche Nachweise und Forschungsmethoden.

In dieser Zeit wurden u.a. im Atlantik per Schiff Echolotmessungen vorgenommen, die den Meeresboden ergründen sollten.
Als die Messungen im Bereich der Azoren erfolgten, fand man untermeerisch gegenüber dem sonst recht ebenen Meeresboden in ca. 3.000 Meter Tiefe ein sich erhebendes großes Landmassiv, dessen Spitze noch heute die Azoren mit ihrem ca. 2.300 Meter über dem Meeresspiegel stehenden Vulkan Pico Alto bilden.

Von Atlantis wird in alten Legenden wie z.B. in der Odyssee gesagt, "'es halte Himmel und Erde auseinander''.
Stellen wir uns den Pico Alto einmal mit seinem untermeerischen Massiv über dem Meeresboden vor.
5.230 Meter Höhe hat der Vulkan !
Seine Bergspitze ist bei dieser Höhe in den Wolken des Himmels verborgen.
Betrachten wir das Bild aus der Entfernung, würden wir da nicht den Eindruck erhalten, das Bergmassiv hielte Himmel und Erde auseinander ?
Wie konnte in der Odyssee dieses Wissen vorhanden sein, wenn es diesen Kontinent nicht gegeben haben soll ?

Wer an den leicht verständlichen Ausführungen von Otto Muck über die populärwissenschaftliche Beweisführung der Existenz des Kontinents Atlantis näheres erfahren will, sollte die rd. 400 seitige faktische Beweisführung seines Buches *'Atlantis - die Welt vor der Sintflut''*, erschienen im Walter-Verlag Freiburg in Breisgau, lesen.

Otto Muck belegt anhand vieler einander aufbauender und sich ergänzender klarer Tatsachen, daß es diese Großinsel, von der Platon in der Antike als "von einem beispielhaften Staatswesen spricht", wirklich gegeben hat.

Mit seiner vollkommen schlüssigen Beweisführung belegt Herr Muck, daß damals ein sehr großer Planetoid vor Amerika im Atlantischen Ozean eingeschlagen ist, der aufgrund seiner extremen Größe sich nicht vollständig in der Atmosphäre durch Verglühen auflösen konnte. Die sichtbaren Einschlaglöcher der Planetoidenteile auf dem Festland, wie die beiden Haupteinschlagstellen in dem Atlantischen Meeresboden nahe der Insel Bermuda und den Bahamas vor dem Kontinent Amerika - zeugen noch heute von der unvorstellbaren Größe des Planetoiden.

Muck errechnete für diesen Planetoiden ein Gewicht von mehreren Billionen Tonnen. Sein Einschlag hat den Atlantischen Ozean sehr stark erschüttert und den Meeresboden aufplatzen lassen. Magma schoß glühend aus dem Erdinnern hervor und die Insel Atlantis sank durch die Magmarisse in ihre heutige Position von ca. 3.000 Metern unter Wasser.

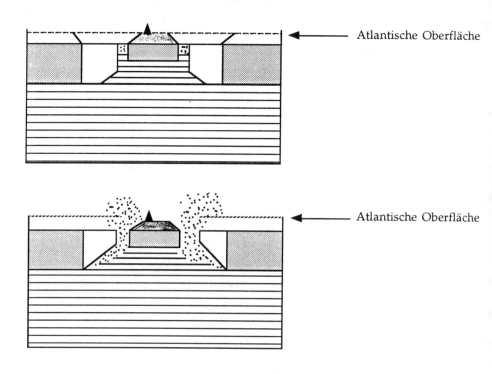
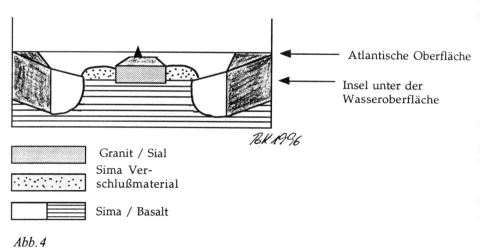

Abb. 4

Würden wir versuchen, die beiden Kontinente des Atlantischen Ozeans zusammenzufügen, entsteht folgendes Bild.

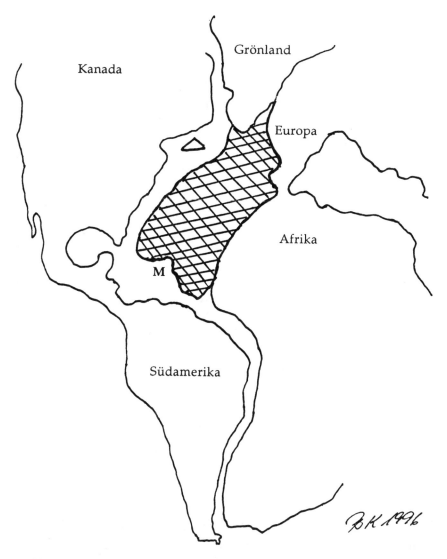

Abb. 5: Die Landteile passen nicht aneinander. Zwischen Afrika und Europa auf der einen Seite und Kanada auf der anderen Seite liegt ein "schwarzer Fleck", ein Loch nord-östlich des mexikanischen Einbruchsbecken (M).

Deutlich ist die Insel Atlantis am Bodenrelief des Atlantiks aufgrund der Echolotmessungen nahe des 40. Breitengrades zu erkennen. Das Bild spricht für sich.

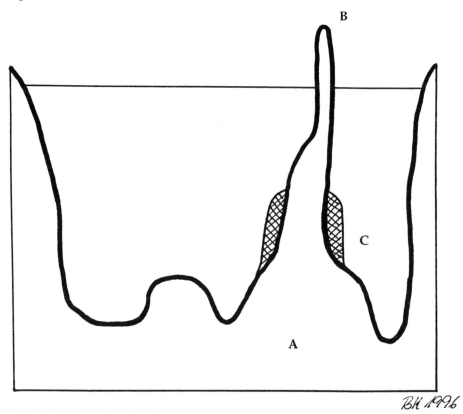

Abb. 6: A) Querschnitt des Atlantischen Bodenbeckens bei 40°, B) Alto Pico mit seiner Bergspitze auf den Azoren, dem letzten übermeerischen Land von Atlantis, C) Atlantis unter Wasser

Unsere Kurzdarstellung soll uns an dieser Stelle zum Thema dieses Buches reichen, um darin zu erkennen, daß die Insel Atlantis Wirklichkeit war und durch ein kosmisches Drama größten Ausmaßes unterging.

Im Anhang finden Sie eine ausführliche Zusammenfassung zu diesem Thema.

Die Atlanter als hochzivilisiertes Volk befaßten sich wie alle kulturell entwickelten Völker intensiv mit der Erforschung Gottes und seiner Natur.
Durch ihre Himmelsbeobachtungen wußten sie vom bevorstehenden Einschlag eines Mammut-Planetoiden auf der Erde. Nach ihren Berechnungen sollte der Einschlag recht nahe ihrer Insel erfolgen. Aufgrund ihrer mathematischen Fähigkeiten konnten sie sich die Auswirkungen eines solchen Einschlags gut errechnen und vorstellen. Da sie diesem künftigen Geschehnis hilflos ausgeliefert waren, taten sie - ihrer kulturellen Entwicklung entsprechend - das einzig richtige. Sie sandten hochwissende Lehrer-Priester in ihre Kolonien und entfernte Länder, damit ihr großes hohes Wissen über Gott und seine Natur nicht unterging und sich dort weiter entwickeln konnte.

Wie das Wissen nach Ägypten kam

Bereits lange Zeit vor dem Untergang der Insel Atlantis - also weit vor 8498 Jahren v. Chr. - waren die Atlanter daher bemüht, ihr Wissen weiterzutragen.

Angefangen in ihren Kolonien, schufen sie geistige Zentren, erstellten das erste Bauwerk ihrer Religion, wie die Sphinx in Ägypten, in denen die geistig am weitesten entwickelten Bürger eines Volkes lernen sollten, das atlantische Wissen als Grundlage eigener künftiger Naturforschungen auf- und anzunehmen.

Für die kulturell-religiöse Entwicklung Ägyptens wurde zur damaligen Zeit eine Gemeinschaft großer atlantischer Priester wohl unter Führung des Thoth auserwählt.

Thoth fand in der geistigen Einstellung zum Sonnenkult Ägyptens eine gute reife Grundlage für hohes Wissen vor.
In späterer Zeit entstand auf Grundlage des atlantischen Ur-Wissens und weiterer Forschungen, insbesondere in der Astrologie, ein weiteres Bauwerk, das von seinen Maßen und Inhalten das gesamte Wissen seiner Zeit beinhaltete - die große Pyramide.

Vermutlich wurde die große Pyramide vor ca. 4300 Jahren vor unserer Zeitrechnung von einem Wissenden, der sich ''Khurfur'' nannte, erbaut (der spätere Pharao Khurfur scheint wahrscheinlich nur ein ''Namens-Vetter'' zu sein).

Das genaue Datum kann von Astrologen berechnet werden, wenn sie die Sternkarten weiter zurückverfolgen, bis sie den Polarstern finden, der in der vorgenannten Zeit in die bekannte Pyramiden-Öffnung und den anschließenden Gang schien, nachdem die Pyramide ausgerichtet wurde.

In den großen heiligen Büchern, die uns Thoth hinterließ, bestätigt er ''von einem Land aus dem Westen zu kommen, von dem er Weisheit, Wissen, Kunst und Können mitgebracht habe; zu einer Zeit, wo es in Ägypten noch keine Pyramiden und Sphinxe gab.''

Thoth reformierte zuerst das Staatswesen und die Wissenschaft.
Damit die Entwicklung auch künftig weiter voranschreitet, wurden die Könige der alten Zeit in das heilige atlantische Wissen eingeweiht. Die ersten Pharaonen waren daher zugleich Staatsführer, Wissenschaftler und Wissende der geistigen Gesetze des Lebens in einem.
Sie wurden vom Volk durch das hohe eingeweihte Wissen als ''die Söhne der Sonne'' - des Allvaters, bezeichnet und wie Gott-Könige - die Vertreter der göttlichen Lebensgesetze auf Erden - angesehen und verehrt.

Während dieser Zeit, wo die Staatsführung auf das geistige Wissen aufbaute, entstand in Ägypten eine hohe Kultur.

Thoth, der aus seiner Weisheit heraus wußte, wie schnell eine Kultur wieder in der Dunkelheit des materiellen Existenzkampfes versinken kann, wenn die geistige Führung eines Tages nicht mehr stabil bzw. vorhanden ist, wollte diesem Land die Möglichkeit geben, sich praktisch jederzeit seiner frühen Kultur und Entwicklung wieder zu erinnern.

Daher ließ er als Lehrbuch der Evolution die Sphinx bauen, auf deren geistiger Grundlage später die große Pyramide als ewiges Lehrbuch des gesamten astrologischen, geometrischen und mathematischen Wissens entstand. In der Pyramide wurde das gesamte göttliche Wissen und die für das hohe Mysterium nötigen Voraussetzungen (Einweihungen) nach den Gesetzen Gottes verewigt.

Die Pflege des alten Wissens und der Wissenschaften fand damals in den verschiedenen Tempelanlagen der Priestergemeinschaften vorwiegend im Großraum von Memphis statt.

Das heilige Wissen wurde in besondere Bücher geschrieben, die in ihrer Art "fälschungssicher" waren. Dazu wählte Thoth als Grundlage nicht das Papyrus, sondern ließ die Inhalte in Stein meißeln.

TEIL 3

Das Buch Thoth

Von Thoth, diesem großen Wissenden, sind in alten Überlieferungen einige bedeutende Faktoren bekannt. Er soll zweiundvierzig heilige Bücher geschrieben haben, die das ganze Wissen des Universums enthielten.

Diese Bücher sind dann in 22 Bände als Grundlage der moralischen und wissenschaftlichen Erkenntnis der Welt von ihm für die "Priester des Lichtes" zusammengefaßt worden.

Die 22 Bücher werden heute das "Buch Thoth" genannt.

Dieses Wissen war ausschließlich für die Priester bestimmt. Die Novizen - Schüler - erlangten das Wissen über Belehrungen und Einweihungen, d.h. Prüfungen.

Durch einen Verrat dieses Wissens gelangten inhaltliche Fragmente davon in die Öffentlichkeit.
Diese Inhalte wurden von Nicht-Eingeweihten in eigene Texte gefaßt. Daraus entstand das "Buch des Lichtes". In Europa ist dieses Werk als "Das Ägyptisches Totenbuch" bekannt.
Im "Totenbuch" gibt es heute noch hochgeistige Stellen, deren Sinninhalte auf das Ursprungswerk des Thoth hinweisen. Als Begleiter und Lebenshilfe, führt das Totenbuch die Seele unter Erhaltung ihres mumifizierten Körpers durch die jenseitige Welten.

In den originalen 22 Büchern des Thoth jedoch kommt der heute für Ägypten bekannte Mumifizierungskult nicht vor.

Die Veröffentlichung der ursprünglich geheimen Fragmente des heiligen Wissens und der aus dem Unverständnis dieser Texte heraus entstandene Mumienkult stehen also in einem direkten Zusammenhang.

Aus der Tatsache heraus, daß die ursprünglichen geistigen hohen Lehren der 22 Bücher des Thoth keinen Mumienkult kennen, müssen diese also vor der uns bekannten Pharaonenzeit, die nachweislich den Mumienkult pflegte, entstanden sein.

Diese 22 Bücher sind daher wohl die ältesten und wahren geistigen Grundlagen, die durch Thoth nach Ägypten gebracht wurden, das bis dahin ein relativ unbedeutendes Land war.

Vermutlich ist die gesamte hohe ägyptische Kultur erst durch den Einfluß und das Wissen des Thoth entstanden.

Daß Thoth als Gründungsvater Ägyptens das hohe Wissen mitbrachte, scheint deshalb mehr als wahrscheinlich.
Das Buch Thoth mit seinen 22 Bildern ist eine historische Tatsache. Weise und Mystiker des Altertums und Mittelalters beziehen sich darauf, so z.B. Appolonius von Thyrana, Raymond de Lulle usw.

Für unser Thema genügt es aber nicht, nur auf solchen Hinweisen aufzubauen, denn wir wollen mit diesem Buch die Fakten der "inneren Geheimnisse" der großen Pyramide öffnen, soweit dies zur Zeit möglich ist.
Daher benötigen wir archäologische Beweise für "Das Buch des Thoth". Diese sind glücklicherweise vorhanden.

In einer Reisebeschreibung Anfang des 20. Jahrhundert wird von einem besonderen Tempel in Memphis gesprochen, der anderer Bauart ist, als die bisherigen Anlagen und "naive Steinbilder" beinhaltet.
Die bekannten typischen Tempelanlagen wie Karnaak, Luxor etc. haben in sich einen gleichen bzw. stark ähnlnden Gebäude-Aufbau vom Vorhof bis zum Heiligtum im hinteren Teil des Tempels.

Entgegen diesen offenen Tempeln finden wir in älteren Heiligtümern, wie z.B. dem Tempel von Dendera, geschlossene Deckenräume und verschiedene Einzel-Tempel, die auf der heiligen Zahl 7 aufgebaut sind.

In Memphis nun - der wohl ältesten zentralen Kulturstätte wissenschaftlicher und religiöser Studien neben dem Sphinxbau - steht links neben der Stufenpyramide von Sakkara ein langer schmaler Tempel, dessen viele Innen-Säulen mit den Außenwänden verbunden sind, die so viele in sich geschlossene Nischen bilden.

In diesen Nischen an den Innenseiten der Außentempelwände befanden sich die Bilder-Bücher des Thoth.
Aufgrund des starken Zerfalls wird der Hallen-Tempel zur Zeit restauriert.
Während dieser Zeit sollen die Reste der z.T. stark beschädigten Bilder des Thoth seit langen Jahren in den Kellern des ägyptischen Museums eingelagert worden sein. Nach der Tempel- und Bilder-Restaurierung sollen diese Bilder wohl wieder an ihren Ursprungsplätze in die Nischen des Hallen-Tempels von Memphis in Sakkara angebracht werden.

Diese Bilder als geistiges Unterrichtsmaterial sind in den vergangenen Jahrtausenden in der Erinnerung der Menschen erhaltengeblieben.
Aus Unverständnis ihrer göttlichen Inhalte, wurden ihre Symbole und Inhalte neuen Deutungen unterworfen und zu einem ''System der Wahrsagung'' entweiht.
Hierfür wurden zu den ursprünglichen 22 Bildern im Laufe der Zeit weitere bis zu 53 Bilder hinzugefügt.
So wurde aus dem heiligsten Wissen der Ägypter, ihren hohen Einweihungen und Lehren über Gott und seine Schöpfungen ein völlig entartetes System des Kartenlegens, das man heute allgemein als ''Tarot'' kennt.

Die wohl bemerkenswerteste Replikation dieses alten Wissens der 22 Bilder des Thoth und ihrer Erklärungen sind in der *edition Heinrich Schwab* im Verlag Stephanie Naglschmid, Stuttgart, unter dem Titel *"Die Einweihung im alten Ägypten"* von Woldemar von Uxkull (ISBN 3- 927913-97-9) erschienen.

Eine interessante Ergänzung zu diesem Buch, das als ''geistiges'' Tarot gedacht ist und einer genauen Detailprüfung bedarf, heißt: *"Tarot - Die 22 Bewußtseinsstufen des Menschen"* von Elisabeth Haich, erschienen im Drei Eichen Verlag unter ISBN 3-7699-0484-2.

Beide Büchertexte basieren auf den alten ägyptischen Grundlagen des Buches Thoth, wenngleich das letztegenannte sich einer freieren Erläuterung bedient.
Ebenso sind die Bilder des letztgenannten Werkes in das Mittelalter übertragen worden. Allein der Vergleich der alten wie neuen Bilder dürfte für den ernsthaft Studierenden interessante Erkenntnisse hervorbringen, da beide Autoren aus verschiedenen Grundlagen heraus sich intensiv mit diesem alten Wissen und ihren Deutungen auseinandergesetzt haben.

Das ''heilige Buch des Thoth'' ist somit also authentisch.

Der Aufbau des Buches Thoth

Das Buch Thoth schildert die Einweihung, d.h. die Bewußtseinsverfeinerung eines Neophyten in die heiligen Mysterien - die allumfassenden Naturgesetze Gottes - im Großen wie im Kleinen, wie oben so unten.

Die Einweihung besteht gemäß der heiligen Dreiheit aus drei Teilen: Den Prüfungen, dem Unterricht und der Einweihung.

Im ersten Teil, den Prüfungen, muß der Neophyt beweisen, daß er die Voraussetzungen für die Mysterien erfüllt.

Mut, Selbstbeherrschung und Überwindung der Todesfurcht sind unbedingt nötig, um die Prüfungen zu überstehen, in denen die niederen Ängste des Menschen-Egos zu überwinden sind.

Im zweiten Teil, dem Unterricht, werden dem Neophyten nach den bestandenen Prüfungen die Bilder des Buches Thoth erklärt.

Die 22 Bilder in der Halle des Wissens hängen sich gegenüber - auf jeder Seite 11 Stück.
Der Unterricht an den Bildern fängt auf der linken Seite an und geht nach Bild 11 auf der rechten Seite weiter, bis mit dem letzten Bild - Nr. 22 - am Halleneingang rechts der Unterricht des Buches Thoth beendet und der "Kreis" geschlossen ist (s. S. 70/71).

Die Bilder haben nicht nur in ihrer Reihenfolge, sondern auch zu ihrem Gegenüber eine direkte Beziehung, in denen die Gegensätze - das Yin und Yan - der Dualismus des sich entwickelnden Lebens Gottes und seiner Natur offenbart werden.
Sie stellen so ein System großer Ethik dar. Ihre Beziehungen untereinander sind in der sogenannten "okkulten Mathematik" begründet, die der Schüler in dem Unterricht erlernt.

Die Grundkenntnisse über den Aufbau des Lebens, ihre Auswirkungen in der geistigen und physischen Welt sind Gegenstand des Unterrichts.

Im dritten Teil, der Einweihung, erhält der Schüler den Schlüssel zur geistigen Welt.

Er lernt seinen geistigen Führer kennen, der ihn in 12 Nächten in die verschiedenen Regionen der unsichtbaren Welt führt, während der physische Körper des Neophyten entseelt im tiefem Schlaf im heiligen Raume des Tempels ruht.

Nach der Einweihung ist der Neophyt ein Wissender, ein Priester. Er hat den Lauf des Lebens kennengelernt und erfahren.

Auf dieser Grundlage tritt er seinen Priesterdienst an.
Bleibt er in einem der Tempel, wird er durch erfahrene Priester in die Naturgesetze der Astrologie, Geometrie und Mathematik eingeführt und sich bemühen, dieses Wissen durch neue Erkenntnisse der Lebensgesetze zu vertiefen.

Geht er nach bestandener Einweihung des Buches Thoth in die äußere Welt der Bevölkerung Ägyptens zurück, so ist er zum Schweigen über das heilige Wissen beim Tode verpflichtet.
Er hat sein Wissen um die ''vollkommene Wahrheit'' in seinem Herzen zu bewahren, seine äußeren Tätigkeiten und Handlungen aber vollkommen diesem Wissen unterzuordnen.
Ein jeder Priester hat durch seine Liebe zu Gott alles aus seinem Herzen zu tun; so vollkommen wie es ihm möglich ist. Unvollkommenes hat er abzulehnen, da es nicht dem Gebote Gottes - der Natur - entspricht. Gott schafft alles nur vollkommen. Unvollkommenes ist daher vom Menschen selbst oder anderen Lebensformen aus der ursprünglich vollkommenen Schöpfung Gottes heraus mißgeladen erschaffen worden.

Ein Priester der heiligen Mysterien wird daher nur Vollkommenes - gemäß seiner Bewußtseinsentwicklung - erschaffen und annehmen. Unvollkommenes, Unreines und Unwahres wird er deshalb ablehnen.

Priester, die nach erfolgreicher Einweihung wieder in ihr Berufsleben zurückgingen, lebten dem Volk durch ihre neugewonnene Lebenseinstellung das Gesetz der Ethik und der Evolution Gottes vor. Auf diese Weise erhielt die Bevölkerung ethischen und religiösen Unterricht und konnte sich kulturell erheben, ohne daß die Einweihungsinhalte den Profanen offenbart werden mußten.

Einen schwachen Widerklang dieser alten Lehrform finden wir noch heute in der buddhistischen Lehre wieder.
Jeder wahre Buddhist tritt für rund ein Jahr als Mönch einem Orden bei, um so die geistigen Lehren zu erfahren, die er nach diesem Lehr-Jahr in sein berufliches und privates Leben einfließen, d.h. zur Verwirklichung bringen soll.

Die Lehren des Buches Thoth

Die Bilder, die wir das Buch Thoth nennen, sind eine Zusammenfassung der 42 Bücher des Thoth in 22 Bildern.
Sie erklären uns das Wesen Gottes, den Entwicklungsweg des Menschen, die Welt und ihren Werdegang.
Sie offenbaren die ewigen Gesetze, auf denen jede Wissenschaft, ja das ganze Weltall, aufgebaut ist.
Der Eingeweihte findet in ihnen seine eigene ganze Entwicklung durch alle Leben hindurch - unzählige Ewigkeiten lang - wieder.

"Denn aus dem Schoß der Gottheit kamen wir einst und zu ihr kehren wir eines Tages zurück." (Buch Thoth)

Die Lehren des Thoth können wir am besten an seinen ersten drei Bildern erkennen, die uns die Dreiheit Gottes und sein Wesen in Symbolen offenbart.

1. Kapitel

Der Magier. Osiris. Das absolute Aktivum. (Nach von Uxkull 1996)

Osiris der Magier ist der Herrscher - nicht der Schöpfer - *)
Er gebietet im Himmel und auf der Erde.
Aus ihm ist alles hervorgegangen, daher hört und sieht er alles. Die beherrschenden Gesetze der Schöpfung hat er gegeben, nach denen Geister, Menschen, Tiere, Pflanzen, ja alle Elemente in den dualen Welten (gemeint sind Himmel und Erde) ihm untertan sind.

Er stellt sich durch sein Bild selbst als den
denkenden Kopf
den Führer von Staaten
den Gelehrten, den Richter, den Krieger;
den Hervorbringer von Generationen dar.

Osiris ist das erste Bild der Schöpfung,
die Eins, der Beginn, von der unendliche Zahlenreihen abstammen; er selbst aber stammt von niemandem innerhalb der Schöpfung Gottes ab.

---

*) *Also die erste Offenbarung Gottes, die "Weltursache"*

2. Kapitel

Die Priesterin. Isis. Das absolute Passivum. (Nach von Uxkull 1996)

Das erste Bild zeigte den Ursprung der Schöpfung - woher wir kommen.

Das zweite Bild nun heißt Isis, die Priesterin.
Sie offenbart uns den ersten Schritt auf dem geistigen Weg der Schöpfung.

Die "Eins" hat sich gespalten und ein "zweites" ist entstanden. Aus dem männlichen göttlichen Willen ist das weibliche, - das Empfangen - die Erleuchtung des Gotteswillens, entstanden. Diese beiden aber sind "eins" *)

Das Empfangen des göttlichen Wissens also ist der erste Schritt auf dem Weg. Durch Bücher - vor allem im Buch Thoth - werden wir Wissen erlangen, das in späteren Zeiten die noch in uns schlummernden Fähigkeiten freisetzen wird.

---

*) *Somit ist die Dualität die Grundlage des sich entwickelnden Lebens. Alles was wir physisch vorfinden, muß demnach auch im Geistigen bestehen. Wie oben - so unten.*

3. Kapitel

Die Königin. Der Geist. Das absolute Neutrum. (nach von Uxkull 1996)

Das dritte Bild heißt die Königin, auch Horus - der Geist.

Die Königin in ihrer Fruchtbarkeit zeugt und beherrscht die Natur.

Ihre Kraft ist der Geist - Horus.
Sie ist das Produkt des Willens und der Empfängnis - der ersten beiden Bilder des Buches Thoth, aus denen alles entsteht.

Die durch den Geist beseelte Materie wird in stetig sich entwickelnden aufwärts führenden Stufen (Spiralen) über viele Lebenszyklen die Lebensqualität veredeln und dadurch alles in seine ursprüngliche Vollkommenheit zurück in des Vaters Schoß erheben.

Diese drei Bilder werden die heilige Dreiheit der Schöpfung des Buches Thoth genannt.

Die folgenden 7 Bilder offenbaren Gottes Eigenschaften.

Die restlichen 12 Bilder berichten von den Tugenden Gottes, die der Mensch in sich entwickeln, d.h. harmonisieren soll.
Wir finden sie auch in den 12 Tyr-Kreis-Zeichen unseres Zodiaks.

An dieser Stelle wollen wir das Studium des Buches Thoth unterbrechen.
Leser, die sich in ein Studium des Buches von Thoth vertiefen wollen, sollten das Werk "Die Einweihung im alten Ägypten" von Woldemar von Uxkull lesen*).
Die grundsätzlichen Lehren des Thoth und des alten Wissens in diesem Buch beweisen, daß die Astrologie, die Geometrie und die daraus entstandene Mathematik eins aus dem anderen entstanden sind und die Grundlagen- da überall die gleichen Gesetze wirken - selbst der heutigen Wissenschaft bilden.

Wir können nun vermuten, daß das heilige alte Wissen genaugenommen das Studium der göttlichen Natur-Gesetze des Lebens ist, das früher als "Mysterium" bezeichnet wurde. In früherer Zeit wurde es daher "die heilige Wissenschaft" genannt.
An dieser Erkenntnis angekommen, werden uns die Zusammenhänge der "äußeren Geheimnisse" und "inneren Geheimnisse" der großen Pyramide klarer werden.

Wenn, wie eingangs erwähnt, das göttliche Gesetz als Natur-Wissenschaft in der äußeren Pyramide vorherrscht, muß nach den dargelegten

---

*) *Zuerst 1922 in München - damals als 'Eine Einweihung im alten Ägypten" - veröffentlicht; mehrere (inzwischen vergriffene) Nachauflagen, u.a. beim Heinrich Schwab Verlag; Neuauflage 1996 beim VERLAG STEPHANIE NAGLSCHMID, Stuttgart, ISBN 3-927913-97-9.*

Lehren das gleiche Gesetz der Lebensentwicklung auch bei den "inneren Geheimnissen" auf geistiger Grundlage in der dort dargelegten Religion Anwendung finden.

Die "inneren Geheimnisse" müssen demnach den Ursprung der "äußeren Geheimnisse" widerspiegeln.

Das große Gesetz der "Zweiheit" des Dualismus, wie oben so unten, wie innen so außen, ist hier der Lösungsschlüssel des Rätsels.

Da das Buch Thoth die Grundlage der "inneren Geheimnisse" erklärt, muß sein gesamter Inhalt zwangslogisch daher auch im Inneren der Pyramide wiederzufinden sein.

Bisher erfuhren wir von den Grundsätzen der heiligen Dreiheit; der Schöpfung des göttlichen Wissens.
Jetzt ist es an der Zeit, uns die mystischen Grundlagen der großen Pyramide genauer anzusehen.

Der Bilderzyklus des Buches Thoth

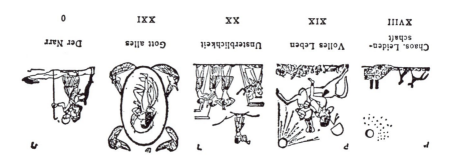

Anordnung des Bilderzyklus im Einweihungstempel zu Memphis.

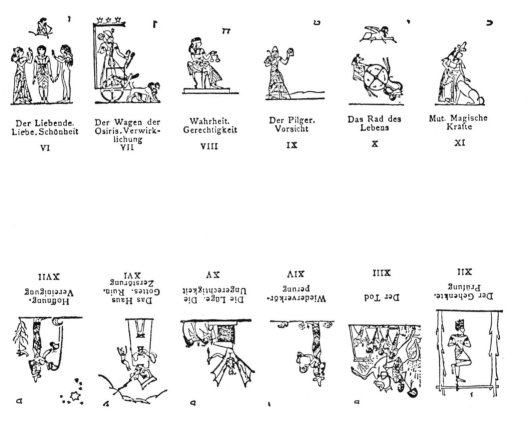

(Nach von Uxkull 1996)

TEIL 4

Die mystischen Grundlagen der großen Pyramide

Nach den bisher erkannten religiösen Grundlagen besteht alles Leben aus einem gegenpoligen, sich ergänzenden Dual, das in sich eine Einheit bildet.
Prinzipien wie Yin und Yan, Geben und Nehmen, Tag und Nacht, das männliche und weibliche Prinzip der Erde; die Erden- und Himmels-Welt, der Sommer-Sonnen- und Winter-Sonnenwende und unzählige andere "scheinbare" duale Gegensätze sind in Wirklichkeit nur die beiden sich ergänzenden Seiten des "Einen Ganzen", des Lebensspenders - Gottes - , der sich offenbart hat in unserer Sonne, in RA.

Daher finden wir alle Lebensgrundlagen, sämtliche Elemente der Erde, in der feinstofflichen Substanz - der Sonne - wieder.

Alles "Leben und Sein" geht von ihr aus, wird durch ihre magnetische Energie und Abkühlung zu atomaren Verbindungen, aus denen Materie entsteht, dessen Ursprung in der "Himmelswelt" liegt.

Die Energie des Lebensspenders - der Sonne - wirkt sich direkt auf das Leben und Wachstum der Erde aus. Ihre Sonnen-Eruptionen beeinflussen z.B. nachweislich unser Klima.
Erst der o.g. Dualismus läßt die bis dahin unoffenbarte Kraft Gottes durch chemische Verbindungen stofflich - als Materie - in Erscheinung treten.

Durch Feuer und Luft entstehen die geistigen (feinstofflichen) himmlischen Gegenpole:
Feuer steht für die atomischen, Luft für die gasförmigen Elemente.

Wasser und Erde bilden die materiellen erdlichen Gegenpole:
Wasser steht für die flüssigen, Erde für die festen Elemente.

Diese vier Aggregatzustände müssen vom Leben erkannt, überwunden und dann beherrscht werden, um wieder in die Einheit zurückzukommen.

So muß der Mensch zuerst die festeste Materie - den "Erd-Zustand" überwinden. Danach folgt der "wässrige Zustand".
In der aufsteigenden Entwicklung des Lebens werden die Zustände des Lebens immer feinstofflicher.
Es folgt der gasförmige Zustand, der im Endstadium im atomischen Seinzustand - in Gott - endet.

Das ist der Weg zurück zur Einheit - zu Gott - den wir Religion - von Re-Ligio (Rückführung zum Logos / Gott) - nennen.

Wenn alles Eins ist, müssen auch die himmlischen wie erdlichen Gegenpole untereinander duale Ergänzungen sein, was wir leicht erkennen können:

Feuer (geistig)   Wasser (materiell) und
Luft (geistig)   Erde (materiell)

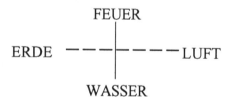

An diesem Beispiel können wir gut erkennen, daß der Dualismus in sich ein zweites, gegensätzliches Dual - eine Vierheit - bildet. Aus diesen vier Teilen, die im Ergebnis immer eine materielle Schöpfung beinhalten, entsteht alles - auch die Erde.

Die große Pyramide symbolisiert ebenfalls mit ihren vier Seiten die zwei Gegenpole, aufgeteilt in die vier Einzelpole, die den Elementen zugeordnet sind:

Die Nordseite = Feuer   Die Ostseite = Luft   Die geistigen Pole

Die Südseite = Wasser   Die Westseite = Erde   Die materiellen Pole

Die Ostseite ist die heilige Richtung, aus der RA - die Sonne - zu neuem Leben am Morgen erwacht, indem sie "aus der Erde geboren wird". Daher ist die Ostseite der göttlich erschaffende Pol.

Im Westen geht die Sonne "in der Erde unter". Dort wird sie mit der "Materie" eins; "stirbt sie".
Die Westseite symbolisiert daher immer die aus Gott geschaffene Materie, den materiellen Gegenpol zur Ostseite.

Diese religiösen Grundlagen des alten Sonnenkultes waren allen Menschen in Ägypten und den alten Kulturen bekannt.

Sie verehrten darum Gott im Osten, traten ihm, von Westen - aus der Materie kommend - in Demut und Ehrerbietung entgegen.

Die alten heiligen offiziellen Tempel wurden daher nur von Westen - aus der Materie kommend - betreten und nach Osten - in die geistige Gegenwart Gottes eintretend - verlassen.

Auf diesem rituellen Weg versuchte man symbolisch die Bereitschaft zur Wiedervereinigung mit Gott kundzutun.

Daß die große Pyramide auch nach diesem Wissen erbaut wurde, kann man noch heute deutlich erkennen.

Auf der Ostseite der Pyramide schließt direkt eine Tempelanlage an, die als "Verehrungstempel" bezeichnet wird, in der die Verehrung der Sonne vollzogen wurde.
Die heiligen rituellen Sonnenanbetungen wurden in diesem Tempel abgehalten.

Betrachten wir die stumpfe Pyramidenspitze und versetzen wir sie senkrecht auf die Grundfläche der großen Pyramide, gibt sie uns den Mittelpunkt des Bauwerkes an.

Nach dem ganzheitlichen dualen Prinzip "wie oben - so unten", muß die Fläche des Pyramidenstumpfes mindestens proportional demnach auch in der Höhe des Bodenniveaus als Raum vorhanden sein.
Genau diese Halle wurde für den allgemeinen Gottesdienst benutzt und durch ein Gangsystem, das von Westen nach Osten zum Verehrungstempel führte, betreten.
Der westliche Eingang und östliche Ausgang dieses offiziellen Tempelteils in der großen Pyramide liegen gemäß ihrer Bedeutung leicht zugängig, ca. in Bodenniveau, an den beiden Seitenflächen der großen Pyramide.

Wenn man die geometrischen Grundlagen der Pyramide und ihre Verhältnisse zugrunde legt, sollten die beiden Öffnungen im Westen und Osten leicht zu finden sein.

Interessanterweise gibt es einen deutlichen Hinweis auf das west-östliche Gangsystem.
Im "Gang zur Offenbarung Gottes" wurde direkt nach Westen gehend ein Teil des Westgangsystems gefunden.
Dieser im rechten Winkel angelegte Gang führt in die Pyramide und endet nach ca. 16 Metern. Der Verschlußstein an dieser Stelle wurde bisher noch nicht erkannt.

Nach dem "Gesetz des Dualismus" muß es noch ein zweites Gangsystem neben dem der West-Ost-Achse geben.
Das allen bekannte Süd-Nord-Gangsystem beweist diese These.

Hierbei handelt es sich um den ursprünglichen geheimen Einweihungsweg für die Neophyten durch die Pyramide.

Eingeweihte in den großen Mysterien wissen: der Norden hat eine noch heiligere Bedeutung als der Osten!
Auf eine Erklärung dieser Tatsache müssen wir verzichten, da diese Erkenntnis auch heute noch mit einer bedeutenden Einweihung zu tun hat.
Es bedarf für unser Buch auch keiner näheren Erklärung, da das bekannte Gangsystem in verlaufender Süd-Nord-Achse diesen Fakt durch sein Vorhandensein bestätigt.

Der Eingang befindet sich unterirdisch im Süden, der Ausgang liegt überirdisch, aber mathematisch mit dem noch unbekannten Pyramiden-Zentrum abgestimmt oberhalb des Bodenniveaus leicht seitlich und verwinkelt im Norden.

Die bekannte kleine Öffnung der Nordseite war neben der Himmelsbeobachtung als Luftkanal und "Notausgang" für den Einweihungsweg gedacht.

Gehen wir vom vorgenannten "Mittelpunkt" der großen Pyramide aus, liegen die allgemeinen bekannten Gänge des geheimen Einweihungsweges im östlichen Teil der Pyramide, was den göttlichen, den geistigen Bereich symbolisiert, wogegen der westliche Bereich vom Mittelpunkt aus der Materie, der Schöpfung, entspricht.

Die Gänge der östlichen Seite haben daher "geistige Inhalte"; stehen im Endergebnis für erhebende - eben geistige Ziele.

Nach dem Dualgesetz läuft der Süd-Nord-Gang vom unerwachten Zustand - der Materie - (Süden) zur geistigen Erleuchtung (Norden). Besondere Bedeutung gewinnt durch diese Erkenntnis die sogenannte "Königskammer", die als letzte Kammer des östlichen Gangsystems direkt an dem Mittelpunkt der Pyramidenfläche - siehe Draufsicht des Gangsystems - anschließt, und so auf den Mittelpunkt in der Pyramide hinweist, was gleichbedeutend das Zentrum des Sonnensystems ist.

Nach dieser ganzheitlichen Betrachtung kann das Gangsystem, wenn es aus der Materie - von Süden - her kommt und nach dem "heiligen Ort - Norden" geht, nur mit höchster, geistiger Erhebung - mit einer sehr großen Einweihung - zu tun haben.

Sollte das Gangsystem aber trotz der in den Kapiteln widerlegten Fakten von Norden nach Süden verlaufen wie bisher angenommen wurde, muß es sich nach den geistigen Erkenntnissen der alten Völker um die Symbolik einer geistigen Niederkunft der feinstofflichen Gott-Energie in die Materie handeln.

Die Gott-Energie träte dann aus Norden kommend in die Pyramide, "den Stoff" - also Materie - ein, verhärtet sich dort - inkarniert, d.h. sie wird körperlich - und überwindet im Laufe vieler stofflicher Leben wieder die körperlichen Begrenzungen.
Durch die Überwindung führt der Weg der Energie wieder zurück - ins Licht - bis der Austritt aus dem Stoff-Körper - erfolgt und die Seele mit der Sonne wieder "Eins" wird.

Wäre dies der Sinn der großen Pyramide, dann sind der östliche Verehrungstempel, die zwei Gangsysteme mit ihren Eingängen und Ausgängen widersinnig. Ebenso fehlte der harmonische Ausgang "zur Sonne" - der dann zweifelsfrei nur in der direkten Mitte des nördlichen Dreiecks liegen kann. Weil die Sonne die "direkte Mitte" unseres Sonnensystems ist, müßte sie nach dem Gesetz - wie oben, so unten - auch mittig in die Pyramide ein, - und austreten.

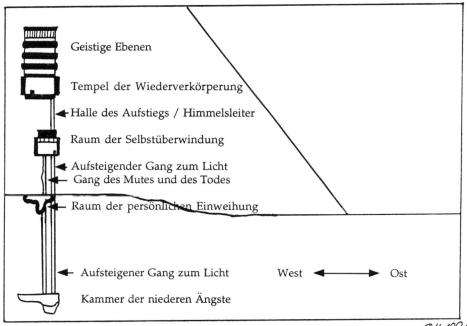

Abb. 7: Ansicht des Gang- und Kammersystems von Süden her.

Betrachten wir das bekannte Gangsystem der Pyramide aus der Südansicht, befinden sich alle Kammern / Tempel und Gänge auf der Ostseite, direkt gradlinig übereinander.

Der Gang des ''Mutes und des Todes'' (der sog. Brunnenschacht) mit seiner Grotte liegt parallel zu diesem Einweihungsweg.
Deutlich können wir auch hier das dualistische Schöpfungsprinzip - die Zweiheit - anhand der beiden Gangsysteme des Einweihungsweges in der Pyramide erkennen.

Da beide o.g. Gänge östlich von der Pyramidenmitte liegen, stellen sie beiden den geistigen Teil des Weges dar.

Wenn eines Tages das westliche Gangsystem geöffnet wird, werden wir auch dort sicher ein solches dualistisches Weg-System finden. Die Gänge stehen im Ergebnis wieder für die schöpfende Kraft - die Vierheit - die das Materielle entstehen läßt.

Betrachten wir uns nun die Einweihungsprüfungen im Buch Thoth.

TEIL 5

Die Einweihungsprüfungen nach dem Buch Thoth

Der angehende Priesterschüler wurde den Priestern in dem Tempelbezirk empfohlen.
Als angenommener Schüler - Neophyt - lebte er von nun an im äußeren Tempelbereich und arbeitete vorwiegend in den Tempelgärten.

Die Speisen von Hülsenfrüchten, Fisch und Fleisch wurden ihm verboten.

Täglich mittags wurde er in die große, schmale "Halle des Wissens" geführt, in der sich die 22 Bilder des Buches Thoth befanden. Schweigend hatte er sich die Bilder anzusehen und einzuprägen. Die Bilder sprachen zu ihm; ihre Sprache jedoch verstand er nicht. Ihm fehlte dafür der Schlüssel.

Einmal im Jahr wurde der Neophyt vor den Oberpriester geführt, der durch seine innere Wahrnehmungskraft (seinen 7. Sinn) prüfte, ob der Schüler inzwischen für die Einweihung die nötige Reife besaß. War das nicht der Fall, wurde der Neophyt ein Jahr später erneut geprüft; Jahr für Jahr!

Erst wenn die notwendige innere Reife genug entwickelt war, bot man dem Schüler den Einweihungsweg an.

Dreimal innerhalb von drei Tagen mußte er sich entscheiden, ob er diesen Weg wirklich beschreiten will, von dem er wußte, daß er schreckliche Prüfungen beinhaltete und den Tod mit sich bringt, wenn das Ende des Weges nicht erreicht wird.
Die dritte Frage nach der Bereitschaft zur Einweihung fand in einem besonderen unterirdischen Raum statt.

Wurde auch diese Frage bejaht, öffneten die Priester ein besonderes Tor, das ein unterirdischer Eingang - aber kein Ausgang - war!
Der Schüler erhielt eine kleine Ton-Öllampe und mußte in die unterirdischen, vollkommenen dunklen Gänge eintreten.
Das Tor schloß sich hinter ihm - für immer!

Nun mußte er beweisen, ob

      wissen, wollen, wagen und schweigen

die vier Voraussetzungen auf dem Weg zur Vollkommenheit - auch von ihm erfüllt werden konnten.

Der dunkle Schacht wurde beim Voranschreiten immer enger, bis er einem Rohr gleich nur noch durch kriechen, pressen und schlängeln passierbar war.
War diese "Pforte der Angst" - die "Erde-Probe" - überwunden, wurde der Gang breiter und führte zu einem großen Raum mit einem breiten, mit Wasser angefüllten tiefen Loch, durch das der Neophyt hindurch mußte.

Oft verloren die Schüler an dieser Stelle das Licht ihrer Öllampe und mußten dann in tiefster Finsternis ihren Weg fortsetzen.

Das Loch war in einem Raum - der Halle der niederen Ängste - indem der Neophyt ohne Licht schnell die Orientierung verlor.
Wer hier nicht herauskam, starb am Hunger oder den eventuellen Verletzungen durch Stürze etc.

Wer jedoch besonnen mit Mut im Herzen sich dieser Prüfung stellte und Ruhe bewahrte, überwand auch seine Ängste und somit die "Wasser-Probe".
Der dahinterliegende Gang war niedrig, aber gut begehbar.

Wer dem Gang wachsam folgte, sah einen schwachen Lichtschein. Dieser führte aufwärts zu einem vom Feuer vollkommen ausgefüllten Raum.
Wer das Feuer - "die Feuer-Probe" - überwandt, indem er hindurch ging, bewies seinen Mut vor dem Licht, das nur eine Spiegelung war.

Der anschließende kleine Gang führte in ein Gemach, in dem der Neophyt von schweigenden Dienern trockene Gewänder, Speise und Trank erhielt.
Eine Liegestatt bot ihm hier die Möglichkeit, sich nach den Strapazen des Weges auszuruhen.

Plötzlich trat eine wunderschöne Sklavin (Nubierin) ein, die nur wenig bekleidet den Neophyten Wein und ihre Liebe als Belohnung für den zurückgelegten Weg anbot.
Nahm der Neophyt die Sklavin an, hätte seine Begierde gesiegt und er selbst wäre zum Arbeitssklaven des Tempels auf Lebenszeit geworden.

Wies er die Nubierin jedoch zurück, trat der Oberpriester in den Raum und beglückwünschte ihn zur bestandenen letzten Prüfung über seine Begierde.

Die "Begierde-Probe" ist die letzte Prüfung des niederen Selbstes eines Menschen, der auf dem Prüfungsweg sein Ego, seine Ängste und seinen physischen Körper überwinden muß.

Nur wer den hier beschriebenen Prüfungsweg vollkommen überwand, war würdig, Gott vollkommen zu schauen und seine Lebensgesetze zu erfahren.
Er wurde nach einem Ritual in die Priestergemeinschaft durch den Sonnenkult des Gottes RA - des Sonnengottes - aufgenommen. Er erhielt das weiße Priestergewand so wie einen eigenen Wohnraum im Tempelbezirk.

Der aufgenommene Priester trat nach einer Zeit der Pause und Reifung in den zweiten Teil des Buches Thoth ein.

Er erhielt nun den Schlüssel für das Heilige Wissen der Steinbilder des Buches Thoth durch den mündlichen Unterricht des Oberpriesters.

Ab dem 11. Buch / Bild ruht der Körper des neuen Priesters des nachts in einem heiligen Raum in tiefem Schlaf direkt vor dem Allerheiligsten. Seine Seele wurde von dort in die verschiedenen Regionen der geistigen Welt durch seinen geistigen Führer geleitet.

Mit dem 22. Buch / Bild endet der mündliche Unterricht.
Der Priester darf die Halle des Wissens, in dem sich das Buch Thoth befindet, von nun an jederzeit betreten, um über die tiefen Erkenntnisse der Gesetze des Thoth - des Buches Gottes und seiner Offenbarungen - nachzusinnen.

Nach der Ausbildung durch das Buch Thoth wird der Priester seinen Neigungen entsprechend, seinen Dienst in den Bereichen Astrologie, Geometrie, Mathematik oder der Pflege des Wissens des Buches Thoth aufnehmen.

So erfüllte sich das Wort Gottes - des Schöpfers - von dessen Kindern viele berufen (quasi reif sind), aber nur wenige auserwählt (durch die bestandenen Prüfungen) waren,
um des Vaters Wesen - seine Naturgesetze - direkt zu erfassen.

Nun wollen wir diese Einweihungsprüfungen des Buches Thoth mit den Gängen und Räumen der großen Pyramide vergleichen.

Die Einweihungs-Prüfungen in der großen Pyramide

Nach dem Buch Thoth gibt es gemäß dem Dualismus zwei Einweihungswege.
Einen äußeren, der sich räumlich und körperlich auswirkt, auf dem die entsprechenden Kammern Stufen dieses Weges darstellen.

Der innere Einweihungsweg wirkt sich dagegen in der Bewußtseinsebene der geistigen und ätherischen Welt - sozusagen "medial" - aus.

Bei den Prüfungen des äußeren Weges handelt es sich um Aufgaben, durch die zuerst das "Niedere" im Menschen überwunden werden muß.
Die in der Materie gefangene Seele soll durch die körperlichen Prüfungen ihre niedere Natur überwinden und sich dem Göttlichen nähern. Erfüllt sie die Prüfungen, hat sie die notwendige Grundstabilität - Reife - für das hohe geistige Wissen erreicht.

Eindeutig beginnt dieser Weg immer bei jedem selbst, indem er seine unharmonischen Eigenarten loslassen muß und sie gegen göttlich-aufbauende Taten ersetzt. Davon zeugen auch die unterirdischen Gänge im Buch Thoth, die damit auf "festeste" - niedere - Materie (sie steht hier auch für Disharmonie) hinweisen, die überwunden werden muß.
Wie wir feststellten, steht bei dem Dual Süd-Nord-Achse der Norden für das Geistige und der Süden für die Materie.

Daher beginnt der Weg durch das Heilige Tor in der unterirdischen Kammer des Buches Thoth also unterirdisch im Süden, der Materie, und geht nach Norden - in das geistige Wissen - voran.

Schauen wir uns den Querschnitt der Gänge in der großen Pyramide an, finden wir einen deutlichen Beweis für diese Aussage.
Der erste Gang mit seiner Kammer ist unterirdisch.

Beweist das nicht bereits den direkten Bezug des Buches Thoth zur
großen Pyramide?

Der Neophyt tritt in die unterirdischen Gänge ein, nach einigen Metern
wird der Gang enger, es kommt zur "Erd-Probe". Hier muß er sich
durch den Gang "zwängen".
Dieser Teil des Gangsystems ist bisher noch nicht entdeckt worden,
ebensowenig wie der dazugehörige unterirdische Süd-Eingang, obwohl japanische Wissenschaftler bei ihren Untersuchungen 1995
einen unterirdischen Südschacht fanden.

Der Neophyt wird vermutlich nach seinem unterirdischen Eintritt im
Süden von Westen aus (der zweiten Materie-Richtung) auf das uns
durch den Pyramidenquerschnitt bekannte Gangsystem treffen.

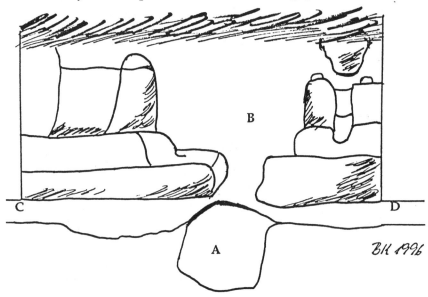

*Abb. 8: Die große unterirdische Kammer der "Niederen Ängste" mit dem Brunnenloch
von Osten aus gesehen.*
*A) Brunnen der Wasserprobe, B) Einer der möglichen versteckten Eingänge in die
Kammer "des niederen Selbstes", C) Südlicher Blindgang, D) Nordgang des Einweihungsweges.*

Wahrscheinlich tritt er am "westlichen" Knick des sogen. toten Ganges, oder durch die West-Wand der unterirdischen Kammer in das Gangsystem durch eine zur Zeit "verschlossene" Tür ein.

In dieser Kammer nun folgte die Wasser-Probe.
Eine kleine Drehung des Körpers, ein Fall in den tiefen, mit Wasser gefüllten Brunnen - die Vertiefung in der unterirdischen Kammer - das Licht erlischt und in der Dunkelheit ist die Orientierung schnell vollkommen verloren.

Kommt der Neophyt aus dem Brunnen heraus und gelangt orientierungslos in den toten Gang, muß er sich in ihm erneut zurechtfinden, und nochmals den Brunnen überwinden ... wer von uns würde da wohl keine Panik bekommen?

Wir können uns leicht vorstellen, daß die unterirdische dunkle Kammer des "niederen Selbstes" alle Ängste eines Menschen freisetzt; ein jeder sein niederes Inneres dort bewußt er- und durchlebt.
Nur wer hier Herr über seine Ängste wird, sie beherrscht und seine Ruhe bewahrt, wird diese Kammer überwinden.

So gestärkt hat der weiter Voranschreitende in der Regel die Gefahr des physischen Todes während der Proben überstanden.

Er erhält nun eine geistige symbolische Hilfe, denn alles, was zu Gott will, muß aufwärts - nicht nur vorwärts - gehen.
Der folgende schräg ansteigende Gang ist daher Gewähr für seinen Aufwärtsweg zu Gott, nachdem die niedersten Aspekte des menschlichen Daseins - die Ängste - überwunden sind.

An dieser Stelle erhält der Neophyt eine große göttliche Gnade, die der freien Wahl. Er kann nun zwischen **drei Wegen** (Symbol der heiligen Dreiheit) frei wählen.

Nach einigen Schritten in den Aufwärtsgang sieht er in weiter Ferne ein schwaches Licht, das von der Öffnung kommt, die zur Zeit als "der Eingang" bezeichnet wird. Trotz schwachen Lichtes - auch, wenn seine Öllampe nicht mehr brennt, kann er den aufsteigenden Gang gut erahnen. Nach wenigen Schritten erhält er die Möglichkeit, den seitwärts abgehenden und fast senkrecht nach oben führenden, steilen Gang des "Mutes und des Todes" (den sogen. Brunnenschacht), aus dem ebenfalls ein noch schwacheres Licht scheint, zu begehen.

Folgte er aber dem ursprünglichen aufsteigenden Gang, erhält der Neophyt nach rund 2/3 des Weges eine zweite Chance aufwärts, Gott direkt entgegenzuschreiten.
Dieser zweite Gang verlangt einen schwierigeren Einstieg als der erste Gang des "Mutes und des Todes", da er in der Decke des bisherigen Ganges beginnt und erklommen werden muß.
Symbolisch lernt der Schüler durch diese Übung, daß man sich um den Weg zu Gott jederzeit selbst bemühen und erheben, d.h. anstrengen muß.

Durch die beiden Gänge lernt der Neophyt auch, daß Gott einem Suchenden immer mehrere Wege eröffnet, um ihn zu finden.

Entscheidet der Neophyt sich jedoch weiter für seinen bisherigen gerade aufwärts führenden Weg, tritt er aus der kleinen Öffnung (der bekannten Nord-Öffnung) in Höhe der 10. Steinschicht heraus und muß nun sehen, wie er die 51° steile und glatte Kalksteinverkleidung der Pyramide heil hinunterkommt.

Übersteht er diese Übung, hat er die Prüfung des niederen Selbstes und des Todes überwunden und den Weg zurück in das äußere Leben gefunden.
Die o.g. beiden abzweigenden Wege zu Gott - dem Heiligen Wissen - jedoch, die er in **freier Entscheidung** nicht gewählt hat, bleiben ihm für dieses Leben verschlossen.

Er wird daher von der Gemeinschaft der Neophyten ausgeschlossen und direkt nach Hause geschickt.

Der "aufsteigende Gang" aus der unterirdischen Kammer ins äußere Leben führte ihn aufwärts nach Norden zu Gott (als das Leben selbst), auch wenn er ihn auf diesem Weg - im Sinne des hohen Heiligen Wissens - nicht gefunden hatte.

Wählt der Proband jedoch den zweiten, zu erklimmenden aufwärts führenden Eingang, der die "Luft-Probe" - ebenso wie der "Gang des Mutes und des Todes" - die Bewußtseinserhebung zum Geistigen, darstellt, führt ihn die Gangachse nun von Norden nach Süden. Der Weg zeigt ihm durch die Richtungsänderung Süden eine weitere "Materie-Prüfung" der niederen Körper an.

Die an diesem Ganganfang heute ruhenden Granit-Verschlußsteine lagerten ursprünglich in der sogenannten großen Galerie als zusätzliche Prüfungshindernisse und wurden erst bei der Versiegelung der Pyramide in ihre jetzigen Positionen gebracht.

Ursprünglich war geplant, die drei Verschlußsteine, die in der Halle des Aufstiegs (große Galerie) zwischen den Rampen durch waagerechte Holzbalken gehalten wurden, an verschiedenen Stellen zu deponieren.

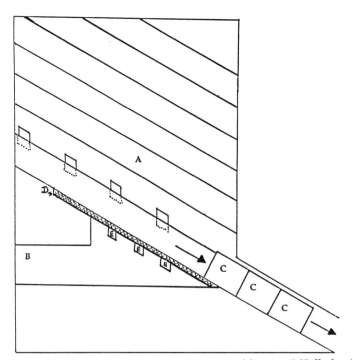

Abb. 9: So wurde das obere Gangsystem verschlossen: A) Halle des Aufstiegs, B) Gang zur Kammer der Begierde, C) Die 3 zu weit gerutschten Verschlußsteine, D) Holzbalkenrutsche für die Verschlußsteine, E) Vertiefungen für die Querbalken, auf die die Holzrutsche gelegt wurde. Wenn der Boden mit einer Milch-Lehm-Mischung bestrichen wurde, rutschten die Blöcke gemäß ihrer Schwerkraft nach unten. Keile in den Seiten wurden benutzt, um die "Rutschgeschwindigkeit" zu steuern.

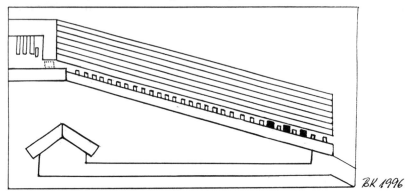

Abb. 10: Oben: Halle des Aufstiegs mit den drei Granit-Verschlußsteinen. Unten: Waagrechter Gang zur Kammer der Begierden.

Vermutlich sind die drei Granitblöcke während der ''Versiegelung'' durch Unaufmerksamkeit und ihr großes Eigengewicht zu weit gerutscht und in den engen Aufsteigenden Gang der zur Halle des Aufstiegs (Galerie) führt, gelangt, aus dem sie nicht mehr zurückgeholt werden konnten. Deshalb wurden sie, der Situation gehorchend, zur dreifachen Versiegelung des aufsteigenden Ganges zur Halle des Aufstiegs genutzt.
Der erste Granitstein sitzt an seiner geplanten Stelle.
Er sollte den Eingang des Aufsteigenden Südganges verschließen.

Der zweite Stein sollte den Eingang zur Halle des Aufstiegs (die große Galerie) auch ''die Himmelsleiter'' genannt, versiegeln.

Der dritte Stein war als Verschlußstein für den waagerechten Gang gedacht, der in die Kammer der Selbstüberwindung der Begierden (Königinnenkammer) führt.
Durch den niedrigen Aufsteigenden Südgang geht der Neophyt nach überwundener Luft-Probe in gebückter demütiger Haltung Gott auf dem glatten Fußboden entgegen.

In der Ferne sieht er ein flackerndes Licht, das ihm seinen Weg zur nächsten Prüfung zeigt.
Am Ende des Aufsteigenden Südganges - direkt vor ihm - lodert ein gewaltiges Feuer, dessen Flammen nach ihm zu greifen scheinen.

Wäre der Neophyt nach der unterirdischen Kammer in den ersten ''Gang des Mutes und des Todes'' dem schwachen Lichtschein folgend eingetreten, und ihn steil, fast senkrecht, emporgeklettert, hätte er zuerst den Ort der ''Inneren Ruhe'' (die sogenannte Grotte) erreicht. Von dieser Grotte aus weiterkletternd, wäre er ebenfalls am Gangende seitlich in den ''Raum der Feuer-Probe'' gelangt.

Nur wer diesen Pfad des "Mutes und des Todes" ging, fand in der Grotte der "Inneren Ruhe" eine große innere Einweihungserkenntnis, die besonderer Natur war.

In der Halle der Feuerprobe angekommen, muß der Neophyt, egal welchen Weg er folgte, sich der eigenen Angst vor den Flammen der symbolisch höchsten Kraft (Energie) Gottes stellen und sie überwinden.

An dieser Stelle muß der Prüfling - dem Gesetz des dualen Prinzips entsprechend- sich wieder freiwillig für einen der beiden Wege entscheiden.
Rückkehr durch den begangenen Weg und Austritt aus der Nord-Öffnung - oder direkt in das lodernde Feuer hinein; denn einen Weg rechts oder links vorbei kann er nicht erkennen.

Mit dem Mut seines Herzens, wissend, daß Gott ihn behütet - er um jeden Preis das Wissen hinter dem Vorhang erringen will - schreitet er voran, direkt in das Flammenmeer hinein!

Groß war seine Verwunderung!
Stellte er doch fest, daß es sich bei den Flammen nur um eine Spiegelung handelte, die von einem Feuer oberhalb des waagerechten Ganges ausging.
Durch den hinter dem Feuer stehenden ersten Granit-Verschlußstein und eine Spiegelfläche entsteht eine optische Täuschung, die das Flammenmeer direkt vor dem Eingang entstehen läßt.

Die "Feuer-Probe" überwunden, führt des Neophyten Weg in den niedrigen waagerechten Gang, der weiter nach Süden - dem Symbolweg für Materie - führt.

Gebückt folgt er dem Gang und findet an seinem Ende einen Raum von gemütlicher Größe vor - *siehe Abb. 10, S. 90* - die Kammer der Selbstüberwindung der Begierden (Königinnenkammer).
Eine bequeme einfache Liegestatt, Sitzgelegenheiten und ein Tisch stehen in dem schlicht eingerichteten und mit Öllampen beleuchteten Raum.
Kaum eingetreten, geht ein Vorhang zur Seite und es treten zwei Sklaven ein, die ihm schweigend ein frisches Tuch, Wasser zur Erfrischung neben Speis und Trank hinstellen.
Schweigend bitten sie den Neophyten durch Handzeichen, seine Kleidung gegen die frischen Sachen zu tauschen !
Dies ist die Prüfung der Besonnenheit des Schweigens, auf die der Oberpriester anfangs mit dem Worten

   wissen, wollen, wagen, schweigen

hingewiesen hatte.

Dankbar nimmt der Prüfling die Gaben an und setzt sich zum Essen nieder, während die Sklaven den Raum verlassen.

Nachdem er gespeist hat, öffnet sich erneut der Vorhang und eine wunderschöne junge Frau mit unverdeckten Brüsten und spärlicher Bekleidung tritt ein.
Sie grüßt den Neophyten, versucht ihn zum Reden und Trinken zu bewegen.
Sein Schweigen aber - das ''Wissen, Wollen'', ist stärker und er bleibt standhaft still.
Sie beglückwünscht ihn zu den überstandenen Prüfungen und sagt, sie sei der Lohn der Priester für seine Mühen; so bietet sie sich ihm und ihre Liebe an.

Nimmt der Prüfling die Frau an, hat er zwar alle bisherigen Prüfungen bestanden, ist aber an seiner fehlenden Besonnenheit und Begierde gescheitert. Fortan würde er zum lebenslangen Sklaven der Priester. Ein Versuch, die Tempelstadt zu verlassen, würde den Tod bedeuten. Bleibt der Neophyt in sich stabil und weist die Frau zurück, hat er die Prüfung der körperlichen Begierde bestanden.

In diesem Fall tritt der Oberpriester in die Kammer der Selbstüberwindung und bestätigte dem Probanden die erfüllten Prüfungen.
Dem Hohepriester folgend, verläßt der Neophyt diese Kammer durch die Öffnung hinter dem Vorhang und wird durch das zweite westliche Gangsystem zum richtigen Einweihungsausgang des "göttlichen Vollbringens", dem Nordausgang nahe dem Bodenniveau der Pyramide, geleitet.
Von dort geht es in den Wohnbezirk des Tempelbereiches, in dem die Priester leben. Hier erhält der Neophyt einen eigenen Wohnraum.

Mit dem Ritual des RA wird der Prüfling am nächsten Morgen - zur Zeit des Sonnenaufganges - in die Gemeinschaft der Priester aufgenommen.

Die Kammer der Selbstüberwindung der Begierden besitzt eine Giebeldecke, die, wie bereits erwähnt, auf das weibliche Schöpfungsprinzip hinweist, wodurch die früheren Forscher meinten, die "Grabkammer einer Königin" gefunden zu haben.

Wie wir erkennen können, hat diese Kammer tatsächlich mit dem weiblichen Aspekt "körperlicher Begierde" im Sinne der Empfängnis zu tun, die auch im Manne als Dual vorhanden ist.
Die körperliche Liebe ist geistig gesehen die materiellste Form göttlicher Schöpfung - die Zeugung von Leben!
Wie oben im Geiste - so unten im Physischen!

Verlängern wir die Spitze des Giebels dieser Kammer senkrecht nach oben, treffen wir genau auf die Altar-Plattform am Ende in der Halle des Aufstiegs *(siehe Abb. 9 u. 10, S. 90)*.

Dieser Hinweis besagt, daß die physische Zeugungskraft der Geschlechtsorgane erhoben werden soll in göttliche Schöpfungskraft, deren Erreichung die ätherische Altar-Plattform symbolisiert.

Der Unterricht nach dem Buch Thoth

Nachdem der Neophyt die Prüfungen seines niederen Selbstes in den Gängen und Räumen der großen Pyramide überwunden hatte, wurde er am folgenden Morgen durch das Sonnenritual des RA in die Gemeinschaft der Priester aufgenommen.

Entschied sich der junge Priester nach seiner Aufnahme in die Gemeinschaft in das hohe Wissen eingeweiht zu werden, erfolgte der Unterricht im Buch Thoth in Sakkara (Memphis) in der großen Tempelhalle des Wissens - dem heutigen Ruinenbau.

Hier erklärte der Oberpriester der Tempelanlage von Sakkara dem jungen Priester jeden Tag ein Bild der 22 Bilder des Thoth *(siehe Seite 68/69)*.

Die ersten drei Bilder offenbaren die Heilige Dreiheit Gottes:
seinen gegebenen Impuls der Schöpfung,   den Vater-Aspekt

die Annahme des Schöpfungsimpulses,   den Mutter-Aspekt
und die daraus entstehende Aktivität,   den Schöpfungs-Aspekt.

Die folgenden 7 Bilder des Thoth - die Eigenschaften Gottes -

heißen:	**beinhalten:**
Der Pharao, das Gesetz;	den Willen Gottes
Die Hohepriesterin	die Autorität - den Verstand
Der Liebende	die Liebe, die Schönheit
Der Wagen des Osiris	die Verwirklichung im Leben
Die Waage	die Wahrheit, die Gerechtigkeit
Der Pilgerer	die Besonnenheit auf dem Weg
Das Rad des Lebens	das Karmische Gesetz

Die restlichen 12 Bilder des Thoth - die Tugenden Gottes - beinhalten die Einweihung.

Sie heißen:	**Sie beinhalten:**
Der Mut	Die magischen Kräfte
Der Gehängte	Die Prüfung
Der Tod	Der Übergang
Die Wiederverkörperung	Der Weg des Lebens
Die Ungerechtigkeit	Die Erkenntnis der Lüge
Das Haus Gottes	Die Zerstörung, der Neuanfang der Evolution
Die Hoffnung	Die Vereinigung
Das Chaos	Die Leidenschaft
Das volle Leben	Die Fülle des Lebens
Die Unsterblichkeit	Das vollkommene Bewußtsein
Gott in allem	Gott ist ''Alles in Allem''
Der Narr	Wer mehr Wissen als das im Buch Thoth sucht, ist ein Narr *)

---

*) Denn im Buch Thoth steht der gesamte Werdegang der Seele vollkommen erklärt.

Unterrichtsbegleitend übte sich der junge Priester in den drei Stufen der Versenkung.
In der ersten Stufe - *der Konzentration* - durfte er bei der Übung keine Gedanken aufkommen lassen, mußte in sich ruhend leer werden und bleiben.

In der vollkommenen Ruhe seines Geistes fand er in seinem Inneren die tiefen Wahrheiten des Seins, die er im Zustand des Nicht-denkens betrachtete.
Diese Übung der zweiten Stufe heißt *die Kontemplation*.

Eines Tages dann war er soweit, um mit der Geistigen Welt in seinem tiefsten Inneren Bewußtsein direkten bewußten Kontakt aufnehmen zu können.
Dieser Zustand der dritten Stufe heißt *Meditation*.

Jeder junger Priester war durch seine Versenkungs-Übungen mehr oder weniger weit in den einzelnen drei Stufen der inneren Entwicklung vorangeschritten.

War die Ausbildung an den 22 Bildern des Buches Thoth beendet, wanderte der Priester die ca. 25 km. nach Gizeh zurück zur Khufur-Pyramide - quer durch die Wüste - um dort nun Gott entgegenzugehen.

Für die dafür nötigen Übungen, die den Schluß der hohen geistigen Einweihung des Wissens bildeten, bereitete sich der junge Priester gewissenhaft vor.
So mußte er beständig den Zustand der vollkommenen Meditation als Grundbedingung erreicht haben.
War er für diese Einweihungen bereit, wurde er in den westlichen Eingang der großen Pyramide und in das dort beginnende Gangsystem geführt.

Er trat durch die verdeckte Tür in die Kammer der Selbstüberwindung der Begierden (Königinnenkammer) ein.
Beim Durchschreiten der Kammer und des anschließenden waagerechten Ganges zum Anfang der Halle des Aufstiegs wurden ihm wieder die latent vorhandenen menschlichen Schwächen bewußt, die ein jeder Mensch bis zur Vollkommenheit in sich trägt und die er stets überwinden muß.

Der junge Priester betrat den Raum der Feuerprobe, die ebene Fläche am Anfang der Halle des Aufstiegs.
Diesmal war der Raum dunkel.

Er sollte von diesem Punkt aus den Aufstiegsweg zu Gott suchen. Eine kleine Öllampe half ihm mit ihrem Licht, seine unmittelbare Umgebung zu beleuchten.
Als er vor der westlichen Wand des Raumes stand, erkannte er in Brusthöhe einen Mauervorsprung. Er kletterte den schmalen, ca. 30° ansteigenden nach Süden verlaufenden steilen Sims hinauf und lief - mit dem Rücken an der Wand - den aufsteigenden Gang seitwärts voran, Richtung Süden.
Nach wenigen vorsichtigen Schritten erreichte er die Granit-Verschlußsteine über dem waagerechten Eingang der Halle. Er zwängte sich durch den schmalen Gang zwischen der Wand und den Granitblöcken hindurch.

Seine Augen hatten sich inzwischen an die Dunkelheit gewöhnt. Hinter den Granit-Quadern sah er in der Mitte einen tiefer gelegten, breiten, glatten Gang, der steil aufwärts weiter nach Süden, im ca. 30°-Winkel, führte. Die Zahl 30 stellt die potentierte Dreiheit, d.h. den direkten Weg zu Gott dar.

Der Priester untersuchte den Gang und erkannte an der parallelen östlichen Wand ebenfalls den gleichen Mauervorsprung (die sogenannten Rampen).

In ihnen sah er in gleichmäßigen Abständen insgesamt 44 rechteckige Vertiefungen, 22 auf jeder Seite, in denen je 11 Bilder des Buches Thoth, auf je zwei Pfeilern, - wie er sie von der großen Halle des Wissens in Sakkara her kannte - standen.
Er, der auf der Suche war, um Gott zu finden, verstand plötzlich, daß die Bilder des Thoth eine jede Seele in die Höhen der Geistigen Welt führen;
einen jeden behüten und ständig geleiten, auch wenn der Einzelne noch nichts von den großen Gesetzen des Lebens weiß oder gar den Schöpfer ablehnt.
Denn alles Leben ist mit Gottes Schöpfungskraft durchwoben.

Wie ihm aufgetragen war, schritt er auf dem glatten Boden der Halle zügig den ca. 50 Meter langen und ca. 30° steilen Weg (30° = Weg zu Gott) voran.
Die Steigung ließ seinen Atem kürzer werden.
Die anfangs angenehme warme Temperatur der Halle machte sich durch den Aufstiegsweg als zusätzliche körperliche Belastung bemerkbar.
Kurzatmend erreichte der junge Priester am Ende der Halle eine hohe Wand - die große Erhebung (die sogen. Stufe). Wie eine Mauer hinderte sie ihn voranzugehen.
Schweratmend und erschöpft ringt er um seine Konzentration und erklimmt mit letzter Kraft das Hindernis.

Die große Erhebung als Hindernis symbolisiert die Notwendigkeit der vollkommenen bewußten physischen Überwindung der niederen Lebensaspekte im Menschen, der eisernen Disziplin und des festen Willens durch des Menschen Geist, um Gott entgegentreten zu können.

Nur wer so seine niedere Natur durch ständige bewußte Kontrolle beherrschen lernt, erreicht die notwendige Stabilität und Reinigung seines Selbstes, um Gott vollkommen zu schauen.

Wer diese Arbeit an sich nicht verrichtet, wird auch nicht zu Gott finden, egal, wieviel Bücher er liest, wieviel Seminare und Gespräche er führt. Nur die eigene Verwirklichung des in den geistigen Belehrungen als richtig Erkannten ist der einzige Weg zum Vater.
Wer Gottes Gesetze nicht lebt, und sie in seinem Leben nicht umsetzt, kann den Vater auch nicht finden - egal, was er tut!

Der junge Priester hat die Mauerkrone mühsam erklommen und befindet sich, keuchend auf dem Bauch liegend und nach Luft schnappend auf dem waagerechten Boden, der Altar-Plattform des ätherischen Bewußtseins (die sogenannte Plattform der hohen Stufe).

Auf der Altar-Plattform erwartet ihn bereits stehend der Oberpriester und gebietet ihm aufzustehen.
Kaum daß der Priester zu stehen versucht, scheinen ihm seine Sinne den Dienst zu versagen. Durch die körperliche Anstrengung und den steilen Aufstieg auf so kurzem Weg, reagiert seine gesamte Konstitution; schwinden ihm fast die Sinne.
In diesem Augenblick, während ihm fast die Beine versagen, fühlt er, wie etwas in ihm, das größer ist als er selbst, "außerhalb" seines Körpers bewußt vorhanden ist.
Zwei Priester, die abseits an den Wänden standen, kamen ihm zur Hilfe, sie stützen ihn.
Schlagartig wird ihm der Sinn der "Altar-Plattform des ätherischen Bewußtseins" deutlich.
Durch Wärme, verbunden mit einer großen inneren Anstrengung, die Kurzatmigkeit verursacht, ist der geistige Teil im Menschen in der Lage, sich vom physischen Körper zu trennen (ähnlich der Hyperventilation).

Hat der junge Priester sich nach dieser gravierenden Einweihung (Bewußtseinserfahrung) körperlich wieder gefangen und stabilisiert, fordert ihn der Oberpriester auf, sich umzudrehen und zu schauen.

Auf der Altar-Plattform stehend, überblickt der Priester den zurückgelegten Weg seines Aufstiegs in dieser Halle, die symbolisch den Aufstiegsweg einer jeden Menschenseele zurück in Gottes Herz darstellt.

Unten, am Anfang der Halle, wo er auf den Mauersims gestiegen war, brennen jetzt Lichter. Die beiden Priester, die ihn eben stützten, haben nun auch Fackeln in ihren Händen.
Die Flammen erhellen die gesamte Halle und lassen von oben einen herrlichen Blick über den zurückgelegten steilen Weg und die Bauweise des Raumes zu.
Deutlich erkennt der Suchende den steilen aufwärtsführenden Weg und die beiden Rampen an den Seiten, in denen die Bilder des Buches Thoth stehen.
Jedes Bild ist an zwei Pfeilern befestigt - 11 Bilder auf jeder Seite, die in den 22 Vertiefungen jeder Rampe stehen. Die Balken der restlichen drei Vertiefungen halten die Granit-Verschlußsteine auf dem Mittelgang der Halle des Aufstiegs fest.*)
Die Wände bestehen aus 7 längsverlaufenden Plattenschichten, die parallel zum Boden angeordnet sind. Jede der nächsten Schichten geht ein Stück mehr in den Raum hinein, so daß die Decke nur noch eine schmale Fläche im Gegensatz zum Fußboden bildet.

Der Oberpriester erklärte dem Priester:
Die 7 Schichten der westlichen Wand stellen die 7 materiellen Ebenen - die Stufen - des Lebens dar,
die 7 Schichten der Ostwand, die der Geistigen Welt.
Die Verjüngung der Wände zur Decke besagt, daß der Weg nach oben zu Gott - je höher man ihn geht - immer schmaler und schwieriger wird; genauso wie beim Aufstieg auf eine steile Bergspitze.

---

*) Noch heute sind die 26 Vertiefungen pro Seite analog des Mittelganges der Aufstiegshalle vorhanden.

Deshalb werden diesen Weg auch nur wenige je erreichen.

Viele sind zwar dazu berufen, doch nur die wenigen, die durch die bestandenen Prüfungen Auserwählten, werden den hohen Pfad zu Gott - den Pfad der Einweihung - je begehen können.
Die sichtbare Decke sagt dir, daß man das Ende des Pfades, die Wiedervereinigung mit Gott erreichen kann.

Diese Halle zeigt dir weiterhin, daß die 7 geistigen und 7 materiellen Welten die Gesetze des Buches Thoth umschließen, denn die Bilder stehen innerhalb dieser beiden 7er Ebenen.
Der Mittelgang der Halle stellt den physischen Lebensweg eines jeden Menschen über alle Leben zurück zu Gott dar.
Der Gang befindet sich in der Mitte zwischen den 2 x 7 Ebenen und den Bildern des Buches Thoth.

Dies sagt dir, daß Gott eine jede Seele seit Anbeginn durch seine Liebe immer begleitet.
Zuerst durch das physische Leben selbst; in dem wir durch die Erlebnisse des Lebens lernen.
Dann bei weiterer Entwicklung der Seele - durch eine gewisse Lebensreife - über die Erfahrungen der im Leben geltenden Gesetze.
Wird die Seele durch ihre gemachten Erfahrungen bewußter, beginnt sie nach der Suche ''ihres Wohers'', ''des Warums'', - nach dem Sinn ihres Seins, bis sie bewußt nach dem hohen Wissen sucht und eine geistige Gruppe oder ihren Lehrer findet.

Während der bewußten Suche wirken sich die Gesetze des Buches Thoth gemäß der Entwicklung des einzelnen immer direkter auf die heranwachsende Seele des Menschen aus.
Alle Seelen lernen daher zuerst die Gesetze des Lebens - Gottes - durch den äußeren Lebensweg kennen.
Dieser Weg wird ''der äußere Einweihungsweg'' genannt.

Ihn geht ein jeder! Egal, ob er an Gott glaubt oder nicht - die Schöpfung läßt keinen im Stich!

Ab einer gewissen hohen inneren seelischen Entwicklung jedoch wird in jedem der Wunsch nach noch größerem Wissen wach. Nun muß die Seele entscheiden, ob sie den bisherigen äußeren Weg oder den direkten "Inneren Weg" zu Gott gehen will.

Du hast dich an diesen Punkt bewußt entschieden, sagte der Oberpriester, hinter den Vorhang sehen zu wollen.
Damit bist du vom "äußeren" in den "inneren Einweihungsweg" eingetreten.

Der geistige Weg ist wie die Welt dual aufgebaut. Bisher erhieltest du äußeren Unterricht. Zuerst durch dein physisches Leben, dann durch uns.
Jetzt wird sich dir der "innere geistige Weg" in dir eröffnen und ein "innerer Unterricht" wird den bisherigen äußeren Lehren und deinen bisherigen Meditationen folgen.

Auch daran kannst du erkennen: Der Dualismus - die Zweiheit - als Grundlage des Seins ist überall gegeben.
Er ist des Lebens Ur-Prinzip, aus dem alles entsteht.
Deine Entwicklung hat dich nun über die Prüfungen, den Unterricht und die Einweihungen des Buches Thoth zum Aufstieg deines ätherischen Bewußtseins auf den Altar Gottes gebracht.

Drehe dich nun um und schaue mein Sohn, nach Süden, sagte der Oberpriester.
Die vor dir stehenden 7 Frontblöcke der Halle des Aufstiegs zeigen dir - da sie sich in der Mitte zwischen den beiden 7 geteilten Hallenwänden befinden - daß alle Welten, die geistigen wie physischen, aus dem einen Zentrum der heiligen Siebenheit Gottes selbst - des höchsten Himmels - entstehen.

Alle drei heiligen Siebenheiten dieser Halle kommen aus dieser einen Quelle - aus Gott selbst - und offenbaren sich durch Teilung in die 7 höchsten Himmel, von dort aus in die 7 niedrigeren geistigen und die 7 materiellen Ebenen.
Daß sie eins sind, kannst du leicht prüfen.
Die drei heiligen Siebenheiten ergeben (3 x 7) = 21.
21 besteht aus 2 + 1 = **3**.
Die **3** ist die heilige Grundzahl, aus der sich alle Schöpfung entwickelt. Sie geht aus dem ersten - der 1 - die Osiris - den Herrscher der Weltenschöpfung - darstellt, hervor. Das Heraustreten aus der Einheit ist die Zweiheit. Die Zweiheit (das duale schöpferische Prinzip) und die Einheit, ergeben zusammen die Dreiheit - die heiligste Offenbarung Gottes. Nebeneinander gestellt ergeben sie 12, die Gesamtheit der Schöpfung.

Ab jetzt verläuft der bisher Aufsteigende steile Weg für dich in eine neue Ebene. Er wird dich nun waagerecht in die kommenden heiligen Tempel führen.
Der ebene Weg sagt dir; du hast mit deiner ätherischen Erfahrung (Einweihung) die Grundlage geschaffen, auf höchstem Weg Gott direkt entgegenzugehen.

Er zeigt dir ferner durch das dualistische Gesetz, daß es sich hier um den gleichen Erkenntnisweg handelt, wie zuvor der waagerechte Gang, der dich in den ''Tempel der Selbstüberwindung der Begierden'' führte.

Dein künftiger Weg jedoch ist ''höher'' angelegt. Er führt dich in dieser Ebene zur vollkommenen geistigen Liebe Gottes, während der niedere waagerechte Weg dich zur physischen Liebe Gottes im Menschen brachte.
Die physische Liebe aus dem ''Tempel der Selbstüberwindung der Begierden'', wird hier durch dein bewußtes Bemühen - durch dich selbst - in die wahre göttliche Liebe, die alles gleich liebt, umgewandelt.

Während der Oberpriester sprach, erkannte der junge Priester die große Weitsicht und Weisheit der ''göttlichen Schöpfung''.
Tiefe Demut umfing ihn. Er fühlte eine große spürbare Geborgenheit und erkannte, daß er schon immer behütet, und durch alle seine Leben geführt wurde.
Tränen der Rührung flossen aus seinen Augen.

Er, der Schüler, der Priester, fühlte die Liebe und Größe - Gottes - für ihn, der er bereit war, seinen Vater unter Einsatz seines Lebens zu suchen.

Nun, sagte der Oberpriester, bist du wissend!
Die Tiefe deiner Demut zeigt mir, mein Sohn, deine Bereitschaft, Gott gegenüberzutreten.
Bis du bereit ? -
Ja ! -
Dann folge dem niederen, kurzen, waagerechten Gang in die Südwand. Denn wenn Gott im Norden unoffenbart lebt, kann er sich nur im Gegensatz (wie im Spiegel) im Süden offenbaren.

Der Gang ist nur einen Quader tief.
Dann, Sohn des Lichtes, erhebe dich ehrfürchtig in die schmale senkrechte Öffnung des heiligsten Tempels des Einweihungsweges in der großen Pyramide; schaue gen Himmel und nehme dort in Empfang, was auf dich seit deiner ersten Wiederverkörperung geduldig wartet !

Innerlich aufgewühlt, folgt der Priester der Anordnung und geht tief gebückt in die Knie, um in den niedrigen Gang einzutreten.
Nach wenigen, kurzen Hock-Schritten, sieht er über sich eine schmale Öffnung. So eng, daß nur eine Person sich mit Mühe in dem kleinen Raum aufrichten kann.
In der Raumtiefe gibt es kaum eine Bewegungsmöglichkeit. Die Breite jedoch erlaubt etwas mehr Platz.

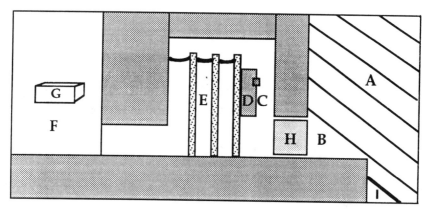

Abb. 11: Seitenansicht von Westen auf die heiligen Räume mit der Öffnung in das Westgang-System. A) Halle des Aufstiegs, B) Ätherische Altarplattform, C) Tempel der Offenbarung Gottes, D) Der schwebende Fallblock mit seinem Steinbuckel, E) Tempel der geistigen Einheit, F) Tempel der Wiederverkörperungen, G) Steinsarkophag, H) Öffnung zum Westgang-System, I) Rampe.
Beachte: *Ab Punkt B liegen alle Räume und Tempel auf einer Ebene!*

Hier, im Allerheiligsten der großen Pyramide
- dem Tempel der Offenbarung Gottes -
steht ein jeder für sich allein Gott gegenüber!

Die Südwand dieses Tempels scheint zu schweben.
Oben wie unten ist sie offen.
Der Granitblock (der sogenannte Fallblock) ist auf Nuten in den Seitenwänden befestigt und wirkt deshalb "schwebend".

Der schwebende Granitblock mit seiner viereckigen Form stellt die göttliche Schöpfung - der Materie (der Vier) - dar, die, wie unsere Erde im Raum schwebt. Auf diesem Steinblock ist das heiligste aller Zeichen sichtbar.

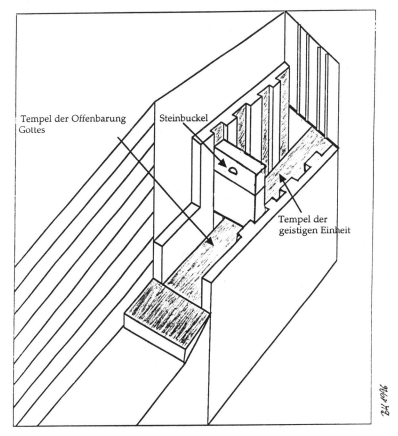

Abb. 12: Schrägsicht von oben auf die heiligen Räume vor dem Tempel der Wiederverkörperung.

Richtet der Priester - gerade stehend - seine Augen nach oben, trifft seine Sehlinie dieses heilige Zeichen (die sogenannte Bosse), den Steinbuckel.

Näheres über den Sinn und die Botschaft dieses Zeichens, das seit eh und jeh zu den höchsten Einweihungsmysterien in allen großen Tempeln der Welt - von China, Tibet bis zur Maya-Kultur gehört und auch dort überall vorhanden ist - kann an dieser Stelle nicht gesagt werden.

Nach alten Überlieferungen ist dieses heiligste aller Zeichen, der Steinbuckel, das Maß eines kosmischen Zolls.
Der Steinbuckel ist ein Zoll hoch und 5 Zoll im Durchmesser.
25 solcher Zoll ergeben einen kosmischen Meter.
365,2422 solcher Meter ergeben genau die Seitenlänge der großen Pyramide an ihrer Basis.
So entsteht aus diesem absoluten Grundmaß durch Vervielfältigung die Anzahl der Tage eines Jahres.

Nach diesem kosmischen Meter ist auch das Weltall aufgebaut.
500.000.000 solcher kosmischen Zoll entsprechen der Erdachsenlänge.
Die fünf länglichen Flächen an der Südwand des Tempels der geistigen Einheit weisen u.a. darauf hin (*siehe Abb. S. 107*).
Das Zeichen erklärt auch das Gesetz des Dualismus und die Lehre des geistigen Weges.
Mit jenen, die dem heiligen Zeichen gegenüberstehen und mit dem Herzen schauen, wird es sprechen, und seine Sprache wird "im Inneren" des Schauenden verstanden werden.

Ist der Priester für seinen nächsten Entwicklungsschritt bereit, tritt er weiter gen Süden gehend in den nächsten Tempel - den Tempel der geistigen Einheit - ein.

An den beiden östlichen und westlichen Seitenwänden dieses Tempels sehen wir je drei schmale hervorstehende senkrechte Erhebungen (die sog. Fallblockführungen).
Von diesen Erhebungen getrennt sind auf jeder Seite drei senkrechte Flächen sichtbar. Sie stellen die geistige, göttliche Dreiheit an der Ostwand und die weltliche Dreiheit Gottes an der Westwand dar.*)

---

*) *Der sechszackige Davidstern entspricht mit seinen beiden entgegengesetzten Dreiecken dem gleichen Gesetz der Schöpfung wie die beiden Seitenwände in der großen Pyramide.*

Die einzelnen halbrunden Einschnitte auf jeder der schmalen Flächen symbolisieren die nach oben "geöffnete Sonne".
In dieser "Öffnung" nimmt sie die Lebens-Essens der Gottheit auf.

So wird die hochgeistige Lebensessenz Gottes in der "geöffneten Sonne" gesammelt und durch "mystische Umformung" zur heiligen Drei-Einheit der Schöpfung, was die einzelnen schmalen senkrechten Flächen, die direkt mit dem halben Sonnenzeichen verbunden sind, deutlich machen *(siehe Abb. S. 106 und 107)*.

Auf der südlichen Stirnseite des Tempels finden wir ebenfalls die drei senkrechten Flächen der göttlichen Dreiheit. Die vier dazwischen liegenden senkrechten Erhöhungen stellen das Symbol der Materie, der Elemente, die Zahl 4, dar.
Die göttliche Dreiheit und die Vierheit der Elemente; sie sind gemeinsam der große Grundbaustein des Universums, die Siebenheit des Alls, aus dem alles entsteht.

Diese Siebenheit fließt scheinbar in die untere Quaderöffnung des nächsten niedrigen Südganges ein.
Die Quaderöffnung stellt in ihrer Form das Viereck der Materie dar, in die die 7 Energie-Ebenen Gottes einfließen und so aus sich heraus die Materie bilden. Die 4 und die 7 ergeben mit der 1 des Ursprungs wieder die 12.

In diesem heiligen Tempel wirkt der Geist Gottes direkt durch seine Symbole und zeigt, daß die geistige Kraft Gottes allumfassend ist.
Der Priester wird in Anerkenntnis dieser Wahrheit sein äußeres Denken und Fühlen ablegen und sich mit der Gottheit bewußt verbinden; mit ihr eins werden.
Gott wird ab dann durch den so erleuchteten Priester wirken.
Der Mensch ist dann "Gott im Fleisch" geworden;

Ebenso wie die Lilien der europäischen Königshäuser (16. - 18. Jahrhundert), deren 3 Teile in der Mitte gebunden so die beiden dreifachen Dreiheiten der Schöpfung symbolisieren, so wie in der christlichen Religion die Christuskraft - anderer Name für die Kraft Gottes - *) durch den Menschen (wie damals durch Jesus und später durch die Apostel) wirken soll!

Ist der Priester in seiner Entwicklung vorangeschritten, darf er bei erreichter Stabilität seines ständig aufrechterhaltenden Gottesbewußtseins nun in die letzte große Einweihung eintreten.

Er durchschreitet den nächsten niederen Südgang und erreicht den großen geräumigen "Tempel der Wiederverkörperungen".

Nach gründlicher Vorbereitung wird der junge Priester sich unter Obhut des Hohepriesters in den Steinsarkophag genau auf der Süd-Nord-Achse mit Kopf nach Norden - zur Gottesrichtung - legen und in einen tiefen medialen Schlaf fallen.

Die angenehme Raumtemperatur von ca. 20°C wird seinen zurückbleibenden Körper in einer entspannten Ruhe halten. Die Luftkanäle werden für genügend Sauerstoff während des "Schlafes" sorgen.

Der offene Steinsarkophag hilft der Seele, sich in ihm durch die Enge des Raum-Volumens sicher und geborgen - also entspannt - zu fühlen.

In diesem Zustand löst sich sein Geist mit dem Bewußtsein aus dem Körper und verbindet sich mit dem "All-Ein", dem Akasha, dem göttlichen, allgegenwärtigen Seinzustand des geistigen Bewußtseins der Erde.

In diesem "All-Ein" auch "Gott in Allem" genannt, sind Vergangenheit, Gegenwart und Zukunft gleichzeitig vorhanden, denn der All-Ein-Zustand ist allgegenwärtig, daher zeitlos.

---

*) *Christus ist ein Beiname, gleich einem Titel, der Menschen von großer Gottklarheit oder einem gottgefälligen Leben zugeordnet wurde. Nach Jesus fand man vermehrt Grabsteine, die den Beinamen "Christus" enthielten.*
Der bekannteste Würdenträger war Jesus, der Christus, aus dem sprachlich dann Jesus Christus wurde!

In diesem Zustand wird der junge Priester seine künftigen irdischen Leben sehen, die kommen können, und seinen dazugehörigen Bewußtseinszustand erkennen. Ihm wird in großer göttlicher Gnade gezeigt, inwieweit er sein göttliches Bewußtsein durch die noch kommenden Inkarnationen entwickeln kann. Dieses Wissen bringt der junge Priester vollkommen bewußt in seinen Wachzustand zurück.

Durch die große persönliche Erfahrung des Tat-Gesetzes und seiner Auswirkungen (Karma) wird er als voll-bewußtes Mitglied der weißgewandeten Priesterschaft des Thoth sich bemühen, sein Leben nur noch positiv-aufbauend - gemäß dem göttlichen Prinzip des dualistischen Evolutionsgesetzes - zu beschreiten.

Jede der hier erklärten Entwicklungsstufen basieren auf dem Wissen der Alten, das nach Ägypten kam, ehe die Pyramiden standen.

Die Einweihungen führten über sämtliche Naturkenntnisse, Astrologie, Geometrie und Mathematik zum Erkennen, das jeder und alles ein Bestandteil des ''großen Ganzen'' ist, das wir in unserem Unvermögen lediglich Gott nennen, und das sich durch die Eigenschaften (Qualifikationen) der Atome und ihrer Verbindungen untereinander verschieden offenbart.

Die höheren Einweihungen brachten und bringen noch heute den Suchenden durch Erkenntnis Gott so nahe - bis Er (Gott) direkt mit und durch den Menschen auf Erden wirken kann.

Wird eines Tages das westlich-östliche Gangsystem der Pyramide geöffnet, werden wir eine komplexe Ganganordnung mit Drehtüren etc. finden, die zu den verschiedenen Tempeln des Einweihungsweges in der Pyramide führen.

Die schmalen, engen Gänge hatten in ihrer zweiten Funktion für einen regen Luftaustausch im gesamten Baukomplex, und damit für eine konstante Raum-Temperatur in der Pyramide zu sorgen.
Das westlich-östliche Gangsystem führt bis auf die Spitze der Pyramiden-Plattform, die für Sichtungen und Messungen benutzt wurde.

Die Tempel der Göttlichkeit

Gefunden wurden bisher in der großen Pyramide oberflächlich gesehen 7 Gänge und 7 Räume.

7 ist der bereits erwähnte Grundbaustein des Universums.
Daher sind 7 Schritte - besser Bewußtseinserhöhungen im Sinne von Vertiefen geistigen Wissens - dargestellt durch die 7 Gänge, und 7 Einweihungen - dargestellt durch die 7 Räume - notwendig, um die göttliche Wahrheit des Lebensaufbaus erkennen und verstehen zu können.

Der bisher unentdeckte achte Gang und Tempel der Göttlichkeit steht für die geistige Unendlichkeit, für die Vollkommenheit Gottes, und gehört nicht zum Einweihungsweg.
Wenn ''der Gang und der Tempel der Göttlichkeit'' demnächst geöffnet werden, finden wir in ihm das, was unsere Vorfahren schon vor Jahrtausenden als das vollkommene Wissen kannten.

Der Einweihungsweg jeder Seele nach der großen Pyramide

Die Gänge und Räume der großen Pyramide stellen ganzheitlich ebenfalls das duale Schöpfungsprinzip dar.
Die Gänge symbolisieren die Materie-Entwicklung - die Evolution - des Lebens; die Räume den geistigen Entwicklungsweg.

Gleichsam stehen die Gänge in der großen Pyramide für den Lebensweg eines jeden Menschen.

Die Räume symbolisieren die Prüfungen, die durch Schicksalsschläge im Leben dem Menschen helfen, zuerst sich selbst, dann seine Grenzen und Möglichkeiten kennenzulernen.

Die **Halle** des Aufstiegs symbolisiert den Unterricht über alle Inkarnationen; das bewußte Bemühen des Menschen, um in seinem Leben die geistigen Gesetze, die Natur allen Seins, zu verstehen.

In den **Tempeln** offenbarte sich Gott dem Priester und ermöglichte ihm so, seinen persönlichen Weg zurück in des Vaters Herz zu finden.

Räume, Halle und Tempel entsprechen ferner der Dreiheit Gottes.
Die Tempel dem geistigen Erkennen,
die Halle dem Verstehen des Wissens,
die Räume den Lebensprüfungen.
Die Gänge zwischen den Räumen stellten den Lebensweg, die Verwirklichung auf Erden, dar.

Auch den Gesamtbaustein **12** des Universums finden wir im Einweihungs-Gangsystem und den Räumen wieder.
Unterteilen wir die 7 Gänge durch die 7 Räume in ihre genauen Abschnitte, so erhalten wir insgesamt **12** Gänge.
Die Anzahl der Einweihungsräume beträgt hier ebenfalls **12**.
Gänge und Räume haben - wie wir aus dem Kapitel der Prüfungen wissen - eine Besonderheit, die der freien Gangauswahl im Aufsteigenden Gang ins Leben.

Aufgrund der dort vorhandenen Wahlfreiheit müssen wir bei den Gängen und Räumen daher je zwei der alternativen abrechnen.
Somit wird aus den 2 x 12 Teilen des Gangsystems nun 2 x 10.
10 ist die potentierte Zahl von 1.

Die Zahl 1 selbst steht für den offenbarten Gott, die 10 stellt die potentierte und damit größte (höchste) Offenbarung Gottes selbst dar.

Wählt der Priester jedoch den ''Gang des Mutes und des Todes'' während der Prüfungen, so wird er im ''Tempel der inneren Ruhe'' (der Grotte) eine zusätzliche große Einweihung erfahren; mit der er statt der 10, dann 11 Erfahrungen auf seinem Weg zurück zu Gott durchlebt.
Die Zahl 11 auf diesem Weg bedeutet: $11 = 1 + 1 = 2$.
2 ist die Zahl der Erkenntnis, der Erleuchtung Gottes.

Priester, die diesen Weg vollzogen, fanden nicht nur Gott (durch die Zahl 1), sondern darüber hinaus die Erleuchtung um das Wesen Gottes selbst in der doppelten Offenbarung Gottes $\mathbf{1 + 1 = 2}$.

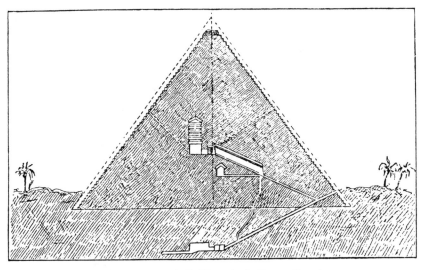

"Durchschnitt der Cheopspyramide" (Historische Darstellung).

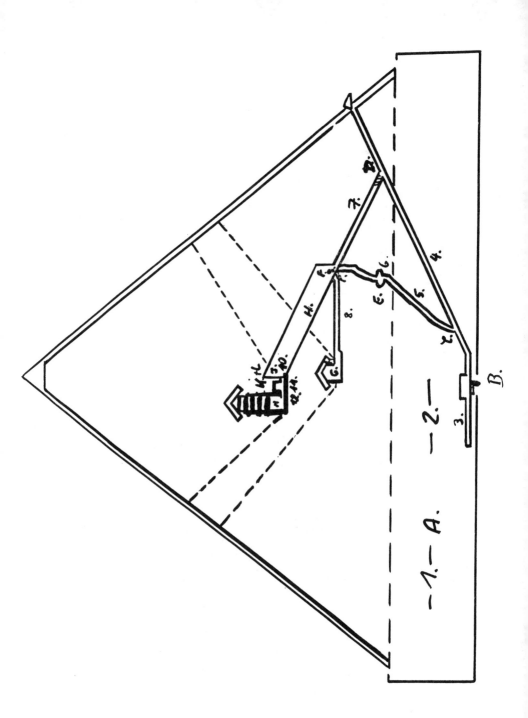

Die Bezeichnungen der 12 Gänge und 12 Räume; ihre Funktionen und Lehren

Die Gänge der Einweihung	Die Räume der Einweihung	Die Lektionen der Räume
1. Der Gang zur Erd-Probe	A. Raum der Erd-Probe	Überwindung der Erd-Probe
2. Der Gang zum niederen Selbst	B. Raum der Wasser-Probe	Überwindung des niederen Selbstes
3. Der Gang in die Finsternis	./.	./.
4. Der Aufsteigende Gang ins Leben	C. Raum der Luft-Probe	Bewußte Erhebung auf den göttlichen Weg
5. Der Gang des Mutes und des Todes	D. Raum der Luft-Probe E. Tempel der inneren Ruhe	Bewußte Erhebung auf den göttlichen Weg Eine hohe persönliche Einweihung
6. Der Grottengang zum Licht / Feuer	F. Raum der Feuer-Probe	Überwindung der Feuer-Probe
7. Der Aufsteigende Gang zum Licht / Feuer	Raum der Feuer-Probe	Überwindung der Feuer-Probe
8. Der Gang zur Selbstüberwindung	G. Raum der Selbstüberwindung	Überwindung der Begierden
9. Die Erhebung zur Halle des Wissens	H. Halle des Aufstiegs - oder "die Himmelsleiter"	Unterricht über das geistige Wissen
10. Die Erhebung zur ätherischen Altarplattform	I. Tempel der ätherischen Altarplattform	Erfahrung des eigenen höheren Selbstes
11. Der Gang zur Offenbarung Gottes und seiner Einheit	K. Tempel der Offenbarung Gottes L. und Tempel der geistigen Einheit	Die Offenbarung Gottes verstehen Die bewußte Verbindung mit Gott
12. Der Gang zur Wiederverkörperung	M. Tempel der Wiederverkörperung	Wissen um die künftigen eigenen Leben und ihre Entwicklungen

Der ungeöffnete ''Tempel der Göttlichkeit'' gehört nicht zum Einweihungsweg.
Er stellt die Göttlichkeit Gottes selbst dar.
Als Beweis und Nachweis aller bisher erarbeiteten Erkenntnisse, ist dieser Tempel das absolute Grundmaß des Universums mit allen seinen Verhältnissen in für das menschliche Bewußtsein gerade noch faßbaren Werten.

Den Tempel der Göttlichkeit gibt es nach dem geistigen Gesetz in allen Leben.
In seiner geistigen Substanz finden wir ihn daher in der Pyramide, im Menschen und im Universum überall am gleichen Platz;
''...in der Mitte des jeweiligen Seins''!

TEIL 6

Der Granitsarkophag in der großen Pyramide

Betrachten wir uns nun den Granitsarkophag im Tempel der Wiederverkörperung.

Der Rauminhalt der Granitwanne beträgt ein gradzahliges Vielfaches von Fünfteln einer Kubik-Elle.

Die Wanne faßt 40 Würfel, deren Seiten einen geographischen Fuß lang sind.
Ihr Granitvolumen von Außenkante zu Außenkante ist 2 x so groß und beträgt daher 80 solcher Würfel.

Deutlich zeigen diese Zahlen die geistigen Grundlagen des Pyramidenbaus.
Zum einen den Dualismus. Die 80 Würfel spalten sich in 2 x 40 - wie oben, so unten.
Wie wir inzwischen wissen, steht die Zahl 4 für materielle Schöpfung.
Die potentiert als - 40 - ''festeste Materie'' entspricht.

2 x 4(0) ergibt = 8(0). Die 8 entsteht nach dem Dualismus durch die Berührung zweier übereinander stehender Kreise - die bewußte Verbindung des niederen Materie-Kreises mit dem höheren geistigen Kreis läßt die Zahl 8 entstehen*).

Sie wird daher als ''ewige Verbindung der beiden Welten - als Symbol der Unendlichkeit des ewigen und des dualen Prinzips der gesamten Schöpfung angesehen.

---

*) *So wie auch ein Spiegel der im rechten Winkel auf einem Blatt Papier gehalten wird, den darauf gezeichneten Kreis als 8 widerspiegelt.*

Der Sarkophag mit Wasser gefüllt, entspricht als Hohlmaß einer kosmischen Tonne.
Rechnen wir von der großen Pyramide alle Hohlräume des Einweihungsweges ab, soll das Gewicht 5,273 Millionen solcher kosmischen Tonnen betragen.
Das Gewicht der Erde soll 3,273 Quintillionen solcher kosmischen Tonnen entsprechen.
Die große Pyramide verhält sich somit zu unserem Planeten wie $1 : 10^{35}$.

Die Erkenntnis der kosmischen Tonne bzw. des absoluten Kubikmeters des Sarkophags belegt deutlich durch seine beiden o.g. Inhaltsmitteilungen, daß die Maße der großen Pyramide nicht nur aus Länge und Breite, sondern vor allem auch aus dem Hohlmaß des Gebäudes, insbesondere der einzelnen Hohlräume der Räume, Halle, Tempeln und Gänge, bestehen.

Für die Weissagungen sind daher die Kubikmaße der Rauminhalte wesentlicher Bestandteil. Alle in den letzten 50 Jahren veröffentlichten Bücher, haben dieser Erkenntnis leider bei ihren Prophezeiungen keine Rechnung getragen.
Aufgrund dieser Erkenntnis stellen die Sarkophag-Maße in sich komprimiert das geistige Grundgesetz - wie oben, so unten - die Zahlengrundmaße und ihre Verhältnisse - so wie vermutlich den Schlüssel unseres Sonnensystems, dar.
Es sollte sich für Mathematiker lohnen, diese Zahlen in dem Pyramidenbau selbst, wie ihr zigfaches im Sonnensystem zu suchen.

Die Entlastungskammern über dem Tempel der Wiederverkörperung

Die über dem Tempel der Wiederverkörperung stehenden ''sogen. Entlastungskammern'' symbolisieren den weiteren geistigen Aufstieg der Menschenseele in die höheren Regionen des Universums.

Abb. 13: Darstellung der Kammern oberhalb des Tempels der Wiederverkörperung.

Aus dem im offenen Steinsarkophag ruhenden physischen Körper tritt die Seele aus und begibt sich entsprechend ihrer Entwicklung zuerst in die ''untere geistige Kammer''.
Von dort aus durchdringt die Seele - sicher behütet in der höheren Kammer der Pyramide - in die Regionen der ''unteren geistigen Welt'' ein und lernt sie durch Beherrschung der vollkommenen Meditation

kennen, in dem sie noch mehr über die Gesetze Gottes und das universelle Leben erfährt.

Bei weiterem inneren Fortschritt begibt sich die Seele in die jeweilige nächsthöhere Kammer, um die damit verbundene nächste "Himmelswelt" über die vollkommene Meditation kennenzulernen, bis schließlich in der höchsten Ebene der Geist der Seele eines Tages eins ist mit Gott!

Die Giebeldecke der obersten Kammer steht auch hier für das zweite, weibliche Element, die Erleuchtung, das vollkommene Verstehen Gottes; für die Verschmelzung mit dem Vater durch vollkommene Erkenntnis mit seinem Wesen.

Die Sonnendaten in der großen Pyramide

Untersucht man die Zahlen in der großen Pyramide, findet man sehr oft die Sonnendaten dargestellt.
Diese große Häufigkeit zum Sonnenbezug ist absichtlich. Sie beinhaltet für die nachfolgenden Generationen den Hinweis, daß es sich bei der großen Pyramide um ein rein geistiges Bauwerk des Wissens handelt. Ein Komplex, der aus der geistigen - göttlichen - Größe heraus entstanden ist, und über Mathematik, Geometrie, Astrologie und Kenntnisse der Naturwissenschaft durch die heiligen Mysterien zu Gott zurückführt.

Die vorgefundenen Zahlen beziehen sich auf die Anzahl der Tage unserer Sonnenjahre und die Zahl der Jahre des Voranschreitens der Tag- und Nachtgleichen (Äquinoktial-Präzession).
Unser Sonnenjahr besteht aus der Anzahl Tage, die unsere Erde benötigt, um einmal um die Sonne zu kreisen. Das Vorschreiten der Tag- und Nachtgleiche (Frühlingspunkt) ergibt die Anzahl Jahre, die

unser Sonnensystem braucht, um sich einmal um den Mittelpunkt unseres großen Stern-Weltalls zu drehen.

Die moderne Astronomie hat nach vielen Jahrzehnten genauer Messungen und mathematischer Berechnungen folgende Zahlen bestimmt:

a) Die Dauer unseres Sonnenjahres beträgt 365,2422 Tage.
b) Die Dauer eines ganzen Kreises des Frühlingspunktes beträgt 25,827,5 Erden-Jahre.

Überlegen wir nun, was die weisen, mystischen Baumeister der großen Pyramide vor über 6.000 Jahren von diesen Tatsachen wußten.

1. Der ganze Umfang der Grundfläche der Pyramide beträgt 36´524,22 Pyramiden-Zoll. Das sind genau 100 mal 365,2422 Tage unseres Sonnenjahres.

2. Die Länge jeder Seite am Grunde der Pyramide beträgt 9´131,055 Pyramiden-Zoll. 25 Zoll geben eine Pyramiden-Elle. Teile 9´131,055 durch 25. Die Antwort lautet 365,2422 Ellen. Dies ist die Länge jeder Seite in Ellen. Wieder ist es die Zahl der Tage unseres Sonnenjahres.

3. Die Höhe der geplanten Pyramide ist 5813,02 Zoll. Wir lernten in der Schule aus dem Radius (Halbkreis) eines Kreises seinen Umfang berechnen.
Die Formel lautet: Radius mal 2 mal Pi = 3,14159.
Nehmen wir an, die Höhe der Pyramide stelle den Radius eines Kreises dar. Wie groß wäre dessen Umfang?
5813,02 mal 2 = 11 626,04 mal 3,14159 = 36.524,2 Zoll. Diese Zahl ist hundertmal die Anzahl der Tage unseres Sonnenjahres.

4. Im ''Raum der Selbstüberwindung'' beträgt die Höhe jeder der beiden stützenden Seitenwände 182,6211 Pyramiden-Zoll. Die Höhe

beider Wände zusammen ergibt = 2 mal 182,6211 = 365,2422 Zoll = die genaue Anzahl Tage unseres Sonnenjahres. Jede Seitenwand entspricht demnach einem halben Jahr!

5. Von dem "Gang zur Offenbarung Gottes" bis zum "Gang zur Wiederverkörperung" mißt die Bodenlänge genau 116,26 Zoll. Dies ist der Durchmesser eines Kreises, dessen Umfang 365,242 Zoll mißt, gleich der Anzahl Tage unseres Sonnenjahres.

6. Die Bodenlänge des "Tempels der Offenbarung" und des Gangs zum "Tempel der geistigen Einheit" ist je 36,5242 Zoll, gleich einem Zehntel der Anzahl Tage unseres Sonnenjahres!

7. Die Bodenlänge des "Tempels der Wiederverkörperung" mißt 412,132 Zoll. Dies ist eine Zahl in Beziehung zu Flächen. Der Flächeninhalt eines Kreises von 412,132 Zoll Durchmesser ist gleich dem Flächeninhalt eines Quadrates von 365,242 Zoll Seitenlänge. Wieder die Tagesanzahl des Sonnenjahres.

8. Die Länge beider Diagonalen der Grundfläche der Pyramide ergibt zusammengezählt 25'827,5 Zoll. Das ist die genaue Zahl des Vorschreitens des Frühlingspunktes.
Jede Diagonale entspricht einem halben plantonischen Jahr!

9. Der Umfang der Pyramide auf der Höhe ihrer 20. Steinschicht - der Höhe aller Fußböden - der oberen Hallen und Tempel - mißt 25'827,5 Zoll, die Zahl der Jahre des Frühlingspunkt-Kreises.

10. Die Höhe der Pyramide von der Bodenebene ihrer 20. Steinschicht bis zur geplanten Spitze mißt 4110,57 Zoll. Ist dies der Radius eines Kreises, so beträgt dessen Umfang 4110,57 mal 2 mal 3,14159 = 25 827,5 Zoll, die Zahl der Jahre des Frühlingspunkt-Kreises.

11. Die genaue Entfernung der Nord- und Südwände der mittleren Kammern der oberen Ebene beträgt 116,26 Zoll. Die Höhe der Verkleidung der Westwand 103,033 Zoll. Der Inhalt eines Quadrates von 103,033 Zoll Seitenlänge ist gleich dem Inhalt eines Kreises von 116,26 Zoll Durchmesser. Der Umfang eines solches Kreises ist 365,242 Zoll, gleich der Anzahl Tage unseres Sonnenjahres.

12. Die Seitenlänge (103,033 Zoll) eines solchen Quadrates benutzten die Erbauer als Grundlage ihrer Maßsysteme für Menge, Zeit, Gewicht, für Längen und Flächen und Würfel.

Da alle diese Maße auf die Seitenlänge des Quadrates zurückgehen und diese abgeleitet ist aus einem Kreisumfang, dessen Zahl gleich ist der Anzahl der Tage des Sonnenjahres; da im weiteren die Zeit des Erdkreises um die Sonne ewig ist, so haben diese Weisen das einzige Maßsystem geschaffen, das in Ewigkeit genau und unveränderlich sein wird.

13. Vielleicht das Wunderbarste von allem ist der herrliche Entwurf eines modernen ''Wolkenkratzer-Turmes'' an der Ostwand des Raumes der Selbstüberwindung der Begierden. Seine Höhe ergibt im Vergleich zu der Höhe der stützenden Seitenwände die seltsame Zahl 3,14159, die in der Mathematik Pi (π) genannt wird.

Dies ist nur eine kleine Auswahl der vielen erstaunlichen mathematischen Maße und astronomischen Entfernungen, die in der großen Pyramide vor vielen Jahrtausenden für ewig in Stein festgelegt wurden.

Sie alle basieren auf den Sonnendaten, den Maßen Gottes, und belegen in erstaunlicher Genauigkeit, daß es sich bei diesem Bauwerk um einen ''Sonnen-Tempel'', d.h. einen Tempel Gottes handelt.
Gott als RA konnte daher nur in Maßen dargestellt werden, die seinem Wesen nach meßbar sind - den Sonnendaten.

Diese Daten belegen ebenfalls eindeutig:
Es handelt sich bei dieser Pyramide um ein Gebäude des Lichtes - eine Universität des heiligen Wissens - was der ägyptische Name auch übersetzt heißt und nicht um eine Anlage des Todes, ein Grab, oder gar eine Mumifizierungsstätte.

Die Botschaft der großen Pyramide

Die große Pyramide stellt in ihrer Gesamtheit eine großartige Synthese zwischen Wissenschaft im Äußeren und Erkenntnis der geistigen Gesetze, der Natur und ihrer Grundlage - der Religion - im Inneren dar, die in ihrer Gesamtheit die Gesetze des Lebens, der gesamten Evolution, beinhalten.

Gemauert in Stein, für unsere Zeit, die trotz großer und vieler wissenschaftlicher Erfolge im Dunkeln wandelt, damit jene, die in sich das Licht der Wahrheit fühlen und suchen, durch den Bau der Pyramide und ihrer Maße das alte Wissen wiederfinden können.

Die in Stein gefaßten Grundlagen und das Buch Thoth stellen ebenfalls die beiden Seiten des Dualismus der Evolution dar.
Wie oben, so unten.
Wie in Belehrungen erfahren - so im Leben verwirklicht - führt der große Thoth uns noch heute nach über rd. 10000 Jahren seines Wirkens in die Einheit mit Gott durch die 22 Bilder seines Buches und die große Gizeh-Pyramide zurück.

Die künftigen Forschungsaufgaben an der großen Pyramide

Die "äußeren Geheimnisse" der Erd- und Sonnen-Daten sind im wesentlichen gelöst.

Die "inneren Geheimnisse", die Natur- und Materie-Gesetze sowie ihre Religionsgrundlagen haben wir erschöpfend in diesem Werk offengelegt.

In der Zukunft werden die Forscher nun noch das letzte große Gebiet der geistigen oder "kosmischen Geheimnisse" lösen müssen, die in der Pyramide verewigt - der Menschheit, wenn ihre wissenschaftliche Entwicklung eines Tages dieses Wissen nehmen kann - die Wahrheit der universellen, d.h. der kosmischen, Welt offenlegt.

Es handelt sich hier um die Welt der Schwingungen und Wellen-Lehren.

Auf sie wird in den ältesten Texten der Welt übereinstimmend mit den Worten hingewiesen:

"Am Anfang war das Licht, es wurde Schwingung. Aus der Schwingung entstanden die Töne, aus ihnen die Schöpfung" (Materie).

Die Schwingungen in der Pyramide rufen erstaunliche Effekte hervor. So konserviert sich in einem maßstabsgetreuen Pyramiden-Modell Fleisch, werden stumpfe Rasierklingen von allein wieder scharf und wachsen Pflanzen wesentlich besser.

Wer an diesen Phänomenen interessiert ist, sollte das Buch *"Die geheimnisvollen Kräfte der Pyramide"*, ISBN 3-452-00818-9, von Bill Schul/Ed Pettit lesen, die alle diese gefundenen Ergebnisse leicht verständlich dokumentieren.

Das Plateau von Gizeh

Die große weiträumige, leicht geneigte flache Kuppel, auf der die große Pyramide steht, wird das Gizeh-Plateau genannt.

Betrachtet man das gesamte Plateau, fallen dem aufmerksamen Betrachter einige Merkwürdigkeiten auf.

Auf dem Plateau findet man viele Löcher, sogenannte Brunnen, die eine Tiefe von ca. 14 - 20 Meter haben.
Auf dem Grund dieser tiefen Löcher ist überall ein gerader, glatter Boden vorhanden. An den Seitenwänden dieser rechteckigen Löcher - direkt über der Fußbodenhöhe - sind Ansätze von unterirdischen Gängen zu sehen.

Besonders beachtenswert ist der Brunnenschacht, der das "Campellsche Grab" (nach dem gleichnamigen britischen Konsul) genannt wird.
Dieses ca. 16 Meter tiefe Loch liegt von der Längsachse des Sphinx-Körpers her in Richtung Westen in der Höhe noch vor der Süd-Ost-Spitze der großen Pyramide.
Auf dem Grund dieses Schachtes fanden Forscher anfangs diesen Jahrhunderts eine "Boden-Platte" mit dem Zeichen der geflügelten Sonne, der ältesten Darstellungsform des Gottes RA in Ägypten.
Das Zeichen des RA wurde in den darauffolgenden Dynastien immer wieder - wenn auch in manchen Abwandlungen - als heiliges Symbol der Sonne und ihres Gottes verehrt.
Die Flügel rechts und links der Sonne bezeugen die "Bewegung", das sich Erhebende, den Weg zurück in die lebende Gottheit der Sonne.

Begeht man das Plateau östlich der großen Pyramide, finden wir mehrere solcher Brunnenschächte. Sie alle haben auf ihrem Grund Gänge, die anscheinend das gesamte Plateau durchziehen.

Die Brunnen sind z.Zt. durch horizontale Gitter verschlossen, so daß ein Einstieg zur Zeit nicht möglich ist.

Seit Anfang diesen Jahrhunderts hört man von den einheimischen Führern immer wieder. daß die mit den Brunnenschächten verbundenen unterirdischen Gänge sogar von der großen Pyramide bis zum Rand des Plateaus führen und mit der Sphinx über das "Campellsche Grab" miteinander verbunden sind.

Die Sphinx war noch Anfang des 19. Jahrhunderts bis zum Hals mit Sand bedeckt.
Erst in dieser Zeit wurde der riesige tierhafte Körper freigelegt.
Die Sphinx ist ursprünglich auf einer ebenen Fläche erbaut worden. Heute ist die vorhandene flache Ebene als tiefe Mulde von sandsteinartigen Wänden umhüllt, deren oberste Flächen die Ausläufer des Gizeh-Plateaus bilden.

Bei der Freilegung des Sphinx-Körpers fand man direkt davor eine imposante Tempelanlage, die in der alten Zeit für Gottesdienste genutzt wurde und mit der Verehrung der Sphinx-Prinzipien zu tun hatte.

Folgen wir der Längstachse des Sphinx-Körpers nach Westen, treffen wir auf die beiden kleineren Pyramiden, hinter denen das Plateau zu einer fast ebenen kahlen Fläche - der lybischen Wüste - ausläuft.

Die Brunnenschächte, ihre unterirdischen Gänge, die große Pyramide, die Sphinx und der umlagerte Granittempel, all diese Bauelemente sind über das Plateau mit Sinn verteilt. Zeugen sie nicht von einer großen Anlage, die anscheinend unterirdisch gelegen den damals dort lebenden Priestern Schutz vor der Sonne gab und ihnen in den wohltemperierten Räumen unter der Oberfläche Ruhe und Entspannung für ihre geistigen Arbeiten und wissenschaftlichen Forschungen ermöglichten?

Durch die Freilegung des wesentlich tieferliegenden Sphinxkörpers und dem davor gelagerten Granittempel kann man erkennen: das damalige Bodenniveau muß erheblich tiefer gelegen haben als die heutige Plateaufläche.

Viele Jahrtausende über haben Wind und Sand, verbunden mit Luftfeuchtigkeit und trocknender Sonne ihr Werk getan und den flachen Granittempel im Laufe der Zeit ebenso zugeschüttet wie den Sphinxkörper.
Zeitalter werden die ursprünglich auf flacher Ebene stehende Sphinx durch Sand, der im Laufe der Jahrtausende witterungsbedingt zu Sandstein wurde, eingebettet haben.
So "wuchs" das Plateau durch stetigen Wind zu seiner heutigen Höhe an.

Die große Pyramide dagegen steht auf dem dafür extra planierten Felsengrund.
Probebohrungen auf der Ebene würden viele unterirdische Hohlräume und ein komplexes unterirdisches Gangsystem unterhalb des gesamten Plateaus offenbaren.

In Sakkara, 25 km von Gizeh entfernt, ist ein ähnlicher unterirdischer Komplex gefunden worden. Einzelne Gänge sind dort nachweislich bis zu 1,5 Kilometer lang!
Allgemein anerkannt sind als die ältesten Bauwerke des Plateaus die große Pyramide und die Sphinx.
Die beiden kleineren Pyramiden dagegen sind Herrschern der jüngeren bekannten Dynastien zuzuordnen. Darüber gibt es wohl auch keine strittigen Erkenntnisse. Sie gehören daher nicht zu dem ursprünglichen Gizeh-Komplex und entsprechend nicht dem religiösen alten Wissen an.
Deshalb findet man in diesen Pyramiden auch nur die Ganganfänge, die mit den ersten niedrigsten Prüfungen, die wir von der großen Pyramide her kennen, verbunden waren.

Wir erinnern uns? Wer die Kammer der niederen Selbste überlebte, die Nordöffnung benutzte und die ca. 15 Meter steile Nordwand der großen Pyramide heil hinunterkam, wurde wieder zu seiner Familie geschickt. Er durfte sein normales Leben weiterführen.

Da viele diesen ersten Teil der Prüfungen überlebten, war das Wissen von einem unterirdischen Gang, einer unterirdischen Halle und dem Aufsteigenden Nordgang auch außerhalb des Tempels bekannt.
Daher wundert es nicht, daß diese beiden erst viel später auf das Plateau nachgebauten Pyramiden ähnliche Gangansätze haben, wie ihr Urbau - die große Pyramide. Da jedoch ihren Baumeistern von den oberen Räumen und Gängen jegliche Kenntnis fehlten, fehlen diese Gänge und Räume auch in diesen beiden Pyramiden.

Ursprünglich war das Gizeh-Plateau ein riesiger Tempelbereich für hocheingeweihte Priester und eines der führenden Einweihungszentren ihrer Kultur.
Das Plateau hatte vermutlich wie alles, was nach geistigem Wissen erbaut wurde, drei zentrale Punkte, die übererdig gebaut, die Dreiheit Gottes als seinen geistigen Aspekt darstellten.
Die Arbeitsräume, Gänge und Wohnräume der Priester waren daher unter dem obenstehenden göttlichen Dreiheitsprinzip angeordnet - also unterirdisch gebaut. Sie symbolisierten die irdische Ebene.
Das dualistische Prinzip - wie oben, so unten - wurde auch bei diesem Gebäudeareal eingehalten !
Oben - das geistige Prinzip der Dreiheit Gottes
unten - die aus dem geistigen Prinzip geschaffene Schöpfung der Lebens- und Arbeitsräume der Menschen.

Zu den drei heiligen oberen Gebäuden gehören allein bedingt durch ihr hohes Alter die große Pyramide und die noch viel ältere Sphinx, deren Sinn wir später erklären.
Interessanterweise sind, wenn man die vier Himmelsrichtungen und das Gesetz der heiligen Dreiheit zugrundelegt, beide erwähnten Bauten auf dem Plateau besonders positioniert.
Die große Pyramide im Norden - die Spitze des heiligen Dreiecks Gottes symbolisierend und die Sphinx im Osten - stellt die seit Urzeiten heilige Richtung, den Osten, dar. Dort erwacht RA (Gott) am Morgen.
Es fehlt nun noch das heilige Gebäude im Westen des Plateaus, damit

die heilige Dreiheit in ihrer Symmetrie wieder vollständig vorhanden ist.

Dieser Hinweis sollte die Forscher beflügeln dort nach dem noch fehlenden Tempel zu suchen, der im Westen stehend von Sand verdeckt den dritten Schöpfungsaspekt der göttlichen Dreiheit des Wissens entspricht.

Dieser Tempel wird, wenn er freigelegt ist, vermutlich stark an die Bauweisen der griechischen Tempel erinnern. Sein Aufbau wie Fußboden wird eine Wahrheit freigeben, die bei den Wissenschaftlern Verwunderung und hoffentlich auch Demut im Herzen wachruft.

Diese Anlage ist kreisförmig (aus drei übereinander liegenden Kreisen) angeordnet, die von einem gleichschenkligen Kreuz(gang) durchbrochen sind, das bis zum Außenkreis geht. Die Kreuzenden selbst sind Tempelräume; in jeder Himmelsrichtung ein Tempel - 4 an der Zahl.

Der Schnittpunkt der Gänge in der Mitte bildet den Haupttempel - das Zentrum - dieser wohl sehr seltenen Anlage, deren Aufbau stark an den der atlantischen Hauptstadt Poseidonis erinnert.

Nachtrag

Die neuesten Erkenntnisse, die besagen, daß es sich beim Aufbau der Pyramiden auf dem Gizeh-Plateau um das in Stein nachgebildete Sternenbild des Orion handelt, sind in Wirklichkeit nicht neu.

Die geheimen Abhandlungen zum "ägyptischen Totenbuch" von Schouré (in deutsch in den 20er und 50er Jahren verlegt) weisen bereits schlüssig auf den Bezug Totenbuch-Sternbild-Orion hin.

Man darf jedoch nicht vergessen, daß es sich in der Zeit des "ägyptischen Totenbuches" und seiner Rituale bereits um die sogen. dekadente ägyptische Zeit handelte, in der vom reinen hohen Wissen des Thoth und seiner Lehren nur noch wenige Bruchstücke bekannt waren, die als Grundlage zur Entwicklung des ägyptischen Totenbuches dienten.

Durch den Verlust des Thothschen Wissens bildeten die Ägypter aus den restlichen Fragmenten "ihre" Religion des Totenbuches.

Dem Wissen des Dualismus folgend, suchten sie "die" duale Ergänzung zu RA - der Sonne. Sie fanden sie in der "Gegenwelt" des Nachthimmels der Göttin Nut im Sternbild Orion.
In ihrer Erfurcht und Religion zur Kraft dieser großen strahlenden Wesenheit "Orion" erbauten sie seine Sternbild-Konstellation auf dem heiligsten Platz Ägyptens, dem Tempel-Plateau von Gizeh, nach, indem sie zur vorhandenen großen Pyramide die beiden anderen Pyramiden - die Gräber waren - und weitere Gebäude erbauten.

Sie meinten, so mit der göttlichen Kraft Orion durch das manifestierte Sternbild auf Erden eine direkte Verbindung hergestellt zu haben; nach dem alten Satz des Thoth "wie oben, so unten"...

Alle diese Bauten entstanden jedoch erst rd. 2.000 bis 3.000 Jahre nachdem die große Gizeh-Pyramide versiegelt und das religiöse Leben im Tempelbereich von Gizeh bereits aufgelöst war.
Der Nachbau des Orion-Sternbildes auf dem Plateau gehört daher eindeutig nicht in die Epoche des Thoth !

Nachtrag

Zur Entdeckung des "Verschlußsteines" 1993 in der "Kammer der Begierden" (sog. Königinnenkammer) durch Herrn Gantenbrink.

Bei dem sogenannten "Verschlußstein" oder "Steinblock", der 1993 im südlichen Luftschacht der "Kammer der Begierden" gefunden wurde, handelt es sich um eine seitlich zu öffnende Luke, die mit dem angrenzenden Luftschacht neben der Belüftung der Kammer als "Lauschrohr" genutzt wurde.

Wir erinnern uns;...

In der "Kammer der Begierden" wurde der Prüfling u.a. durch eine schöne Sklavin in seiner körperlichen Begierde geprüft.
Das o.g. "Lauschrohr" wurde zur Kontrolle benutzt, um festzustellen, ob der Proband dieser Prüfung widerstand.
Dazu schoben die Priester die "Luke" beiseite und belauschten durch den Luftschacht das Geschehen in der Kammer.

Die durch den Roboter von Herrn Gantenbrink gesichtete "Steinplatte" im Luftschacht zeigt deutlich zwei Metallzapfen, die in der zu sehenden Rückseite zu sehen sind.
Das auf dem Boden des Luftschachtes davor liegende längliche Metallstück wird die "Querverstrebung" zwischen den beiden Zapfen sein, die ihnen Stabilität gab und ein Herausrutschen der Zapfenenden vermeiden sollte.

Auf der Vorderseite werden wir den Griff finden,, durch den die Luke aufgeschoben wurde.

Hinter der Luke befindet sich ein Gang, des sogenannten West-Gang-Systems, das separat neben den allgemeinbekannten Gängen des "Einweihungsweges", die große Pyramide durchzieht.

Von diesen Gangsystemen aus wurde das Verhalten des Prüflings, nachdem er die lebensgefährlichen Zonen der Ängste und Todesgefahren überwunden hatte, in den "höheren Prüfungen" beobachtet.

Die Sphinx

Das wohl älteste Symbol der Vergangenheit in Ägypten ist die Sphinx am Rande des Gizeh-Plateaus.
Der gewaltige, aus mehreren Tieren bestehende Körper mit einem Menschenkopf, ist wesentlich älter als die rd. 4300 Jahre vor Chr. entstandene große Pyramide.

Ihr Ursprung geht auf die ersten atlantischen Priester zurück, die friedlich nach Ägypten kamen und erste Grundlagen ihrer Kultur weitergaben.

Das Alter dieses Bauwerkes ist zur Zeit nur an verschiedenen Hinweisen einzuschätzen.
Ablagerungen zeigten, daß es längere Zeit mit Wasser in Berührung war, was darauf schließen läßt: die Sphinx stand bereits vor dem in allen alten Kulturen beschriebenen Sintflut-Drama.
Folgt man bezüglich der Datierung der Sintflut den Recherchen und Berechnungen u.a. mit der C14-Methode von Otto Muck in seinem Buch über Atlantis, entsteht hier eine zeitliche Spannbreite von 15516 - 9000 Jahren.

Nehmen wir den Mittelwert und ziehen die Jahrhunderte nach Chr. ab, so entsteht ein Datum von ca. 8498 vor unserer Zeitrechnung.

Interessanterweise gibt der Maya-Kalender genau dieses Datum als "Nulltag A", als Beginn seines Entwicklungszyklusses an.
Was liegt auch näher, als ein überlebtes kosmisches Drama diesem Ausmaßes zur Grundlage einer neuen Jahres-Zählperiode zu machen?

Wenn die Sphinx eines Tages geöffnet wird, werden in den Hohlräumen ihres Körpers einige Hinweise gefunden werden, die diese Aussagen bestätigen.

Im Herbst 1994 wurde bei Restaurierungsarbeiten an dem Tierkörper ein Nordgang entdeckt, der Anfang 1995 erforscht werden soll.

Auch in diesem alten Bauwerk werden wir das geistige duale Lebensprinzip finden und damit - wie bei der großen Pyramide - zwei Gangsysteme, die von Süd nach Nord und von West nach Ost gehen. Die aufzufindenden Räume werden den Charakter eines Tempels belegen, dessen äußere Form mit großer Weisheit so gewählt wurde, wie wir es noch heute an der verwitterten Form halbwegs erkennen können.

Wenn das kosmische Atlantis-Drama 8498 Jahre vor unserer Zeitrechnung stattfand, und die Sphinx zu dieser Zeit bereits stand, muß dieses geistige Monument sogar noch älter sein.

In der alten Zeit, wo die Wissenden und Priester ihr Leben nach der Natur ausgerichtet hatten - siehe Kapitel über das alte Wissen - wurden die heiligen Zeichen und Symbole der Natur grundlegend als Bestandteil in allen ihren Aktivitäten eingegliedert, und so auch in den Bauwerken deutlich integriert.

Betrachten wir wieder unter ganzheitlichen Gesichtspunkten das Bauwerk, welches Sphinx genannt wird.
Der gewaltige aufrecht liegende Körper stellt einen Löwen dar, der von vielen jedoch für einen Stierkorpus gehalten wird.

Deutlich sind die Löwentatzen an Vorder- und Hinterläufen zu erkennen.
Die geschlossenen Krallen liegen auf den Ebenen des Bodenfundamentes.
Die Krallenspitzen jedoch sind unsichtbar in dem Boden versenkt. Sie zeigen dem Betrachter, daß die aus dem Element Erde entstehenden Lebens-Energien über die Krallen in den Tierkörper einfließen, ihn und

den aus dem Rumpf entstehenden Menschenkopf beleben. Was an den offenen Augen des Kopfes deutlich zu erkennen ist.
Nun muß es einen Sinn haben, warum bei dem Bauwerk gerade ein Löwenkörper mit seinen vier Tatzen als Bau-Grundlage genommen wurde.
Suchen wir den Grund dafür im ganzheitlichen Großen, finden wir das Symbol des Löwen im Großen in seinem Tyrkreis-Zeichen ''am Himmel'' wieder.
Rechnen wir nun die kosmischen Monate des platonischen Jahres, ein Monat zu je rd. 2160 Erdenjahre zurück, finden wir das letzte ''Löwen-Zeitalter'' in den Jahren 10970 - 8810 vor Chr.
Zur Zeit der großen Sintflut 8498 v. Chr. und den damit verbundenen Untergang von Atlantis befanden wir uns demnach nicht mehr im ''Löwen-Zeitalter'' des Tyrkreises.
Dementsprechend muß die Sphinx mit ihrem Löwenkörper älteren Datums und in der Epoche des Löwen-Zeitalters erbaut worden sein, was die Wasserablagerungen auch eindeutig beweisen.

Abb. oben: Historische Darstellung

Es wäre auch möglich, aber höchst unwahrscheinlich, daß sie sogar einen ganzen Tyrkreis früher entstand, also rd. 26000 Jahre älter ist.

Wie wir aus dem Buch Thoth wissen, kam jener mit einigen Priestern aus Atlantis und brachte die Kultur seines Landes mit, als Ägypten noch unkultiviert (im Sinne der Atlanter) war.
Thoth als Gründungsvater Ägyptens war sogesehen zumindest Initiator, wenn nicht gar Bauherr des Sphinx-Bauwerkes, das als erster heiliger Tempel aus den geistigen und kulturellen Grundlagen der atlantischen Religion entstand.

In älteren Texten wird die Sphinx als Monument bezeichnet, das die vier Lebensprinzipien verkörpert.
In diesen Texten wird die Sphinx aufgeteilt in:

> einen Stierkorpus
> mit vier Löwentatzen
> Adlerflügeln und
> einem Menschenkopf.

Die irrige Deutung des Stierkörpers hat sich vermutlich aus verschiedenen Überlieferungen heraus entwickelt.
Einerseits gab es im späteren Ägypten heilige Stiere. Ihnen ist bei Sakkara sogar ein riesiges, fast ein Kilometer langes unterirdisches Grab für 24 der heiligen Apis-Stiere gewidmet.

Durch die Kenntnis über den Stierkult in der wesentlich jüngeren ägyptischen Zeit meinte man deshalb begründet, in dem Löwenkörper einen Stierkorpus erkennen zu müssen, obwohl der dafür charakterisierte Stiernacken vollkommen fehlt!

Andererseits wußte man aus ältester Überlieferung von der symbolischen Vierheit des Bauwerkes, daher mußte man an ihm ''vier Teile'' finden. Damit war leider für viele Mystiker und Forscher das vierte fehlende Teil "'der Stierkörper'' erdeutet.

Objektiv besteht die Sphinx jedoch z.Zt. nur aus drei verschiedenen Teilen:

dem Menschenkopf
den Adlerflügeln
dem Löwenkorpus mit seinen vier Tatzen

der vierte Teil fehlt.
Im Zeitalter des Tyr-Kreises des "Leo" war das Löwensymbol für diesen kosmischen Monat heilig. Daher wäre es in einem Bauwerk nie mit einem anderen Tier "zusammengestückelt, wohl aber ergänzt worden, wie es bei der Sphinx mit den Adlerflügeln der Fall ist.

Betrachten wir die Sphinx, so erkennen wir drei Ebenen

als Grundlage den ruhenden Löwenkörper mit seinen vier Tatzen,
darüber - besser darauf - die Adlerflügel.
Gefolgt vom Menschenkopf,
der besondere Beachtung verlangt.
Kein Ägypter sieht diesem Kopftypus ähnlich! Wenn der Kopftyp nicht erfunden ist, muß er einem anderen "Kulturkreis" entstammen. Das Gesicht sieht den Atlantern sehr ähnlich - es kann sogar einen Menschen der heutigen nordischen Rasse, oder einer künftigen Rasse darstellen!

Genau gesehen steht jedes dieser drei Sphinx-Symbole für sich, ohne das andere zu verunstalten.
Wir finden hier genaugenommen drei aufeinander aufbauende Teile, die in ihrer Gesamtheit den Entwicklungsweg jeder Seele zur aufsteigenden Sonne bilden.

Befassen wir uns nun mit der Deutung dieses Bauwerkes.

Die vier Löwentatzen symbolisieren die vier Elemente, aus denen die materielle Schöpfung besteht.
Denn erst durch Feuer, Luft, Wasser und Erde entsteht Materie. Ebenso stehen sie für die geistigen dualen Gegenpole der vier Elemente: Licht und Wärme; Elektrizität und Magnetismus.

Auf diesen elementaren Grundlagen entsteht dann das Leben - symbolisiert durch den Löwenkörper.
Er steht für Leben, Energie und für Tatkraft - kurz für das Wollen im Leben.

Die Adlerflügel symbolisieren den Mut voran, genauer empor zu gelangen - sich zu erheben in höhere Evolutionsformen, kurz für das Wagen im Leben.

Der Menschenkopf mit offenen Augen symbolisiert die wachsame wachsende Erkenntnis, kurz das Wissen im Leben.

Diese Bereiche stellen gleichzeitig die Entwicklungsstufen des Lebens dar. Aus verwitterten Mineralien entstehen Moose und Pflanzen, dann niedere Tierchen und die Tierwelt; letzlich der Mensch.
Der bisher fehlende vierte Teil war eine runde goldene Scheibe, die auf dem Sphinxkopf Richtung Osten angebracht war.
Diese ''Scheibe'' stellte die ''materielle Sonne'' - RA - als Gott, den offenbarten Schöpfer dar.

Deuten wir die Sphinx nun nach dem dualen Gesetz ''von oben'', so erwacht am Morgen im Osten RA - Gott als Sonne - der Lebensspender.
Während RA aufsteigt am Himmel, berührt er mit seinen Lebensfäden - den Sonnenstrahlen - die Goldene Scheibe auf dem Kopf der Sphinx; die Spiegelung seiner Selbst.

Die goldene Scheibe stellt in ihrer Lichtspiegelung den offenbarten "materiellen Schöpfungsakt" RA´s - Gottes - dar.

RA küßt dann den Menschenkopf - gibt dem Menschen durch seine Kraft Leben und Impulse des Wissens aus seinem eigenen Wesen.

RA´s Liebe wärmt dann die Flügel des Adlers - den lebenden physischen Körper - und erweckt in ihm das Wagen, um seine Umwelt - die Natur - zu erforschen.

Der mit dem Sonnenlicht berührte Löwenkörper mit seinen Tatzen stellt den Ansporn zur Tat dar. Der Mensch soll seine Erfahrungen umsetzen, wird wollen und durch die Kraft RA´s - Gottes - sich die Erde untertan machen.

Die Sphinx zeigt uns so, daß wir das Leben, die Natur, die vier Elemente und die vier Lebensreiche der Mineralien-, Pflanzen-, Tier- und Menschenwelt durch die heilige Dreiheit:

    Wissen, Wollen, Wagen

entschlüsseln und beherrschen sollen, damit wir durch Bemeisterung und Verständnis dieser Reiche und Energien wieder zu unserem Ursprung zurückkehren können - in die Sonne, aus der wir, wie alles Leben einst kamen und in der alle Lebensessenzen (durch ihre Energiekraft) vorhanden sind. In den "Vertreter" Gottes auf Erden - RA.

    Die Menschenstirn der Sphinx spricht von Gedanken,
        die Brust von Liebe,
      und vom Kampf die Pranken;
  Hoffnung, Glaube, Wahrheit wohnen in den Schwingen
der Löwenkörper steht für kraftvolles geduldiges Vollbringen.
  Kannst du dich wehren, glauben, lieben, schaffen,

vermögen Sorgen dich nicht hinzuraffen;
will nur dein Herz, verstehe nur klar dein Geist,
bist König du, den des Lebens Krone gleißt.

- Frei nach Eliphas Levi -

Dem Wissenden sagt die Sphinx: Betrachte mich!
Mein Menschenkopf ist der Sitz des Wissens, die vier Löwenkrallen an meinen Gliedern zeugen von meiner Tatkraft, denn nichts widersteht der vom Wissen geführten Kühnheit.

Die Kraft meiner Tatzen kommt aus meinem Löwenkörper, er gibt mir die Ausdauer und die nötige Ruhe.

Die Adlerflügel geben mir die Kraft, mich zu erheben, um in der Entwicklung emporzusteigen.

Sieh, oh Mensch, was dir die Teile meines Ganzen sagen:

mein Kopf ist	das Wissen
meine Pranken	das Wagen
mein Körper	das Wollen
meine Flügel	das Schweigen

Wissen, Wollen, Wagen, - ist die Richtschnur des Weisen;
Schweigen erhält die Kraft; es vernichtet sie Eitles sich preisen.

Gott ist nur einer; sie alle aber sind seine Kinder - die einst mit ihm waren und wieder einst mit ihm sind!

Die geistige Bedeutung des Sphinx-Bauwerkes

Die Sonnenscheibe auf dem Sphinx-Kopf symbolisiert das göttliche Prinzip.

Der Menschenkopf, die Adlerflügel und der Löwenkörper stellen die Dreiheit Gottes dar, aus der die Schöpfung entsteht.
Die Dreiheit und das göttliche Prinzip sind das Duale, aus dem alles sich entwickelt.
Die Schöpfung selbst - ist die Erde mit ihren vier Elementen, (den 4 Löwentatzen) aus denen die vier Reiche entstehen. Auf ihr ruht die Sphinx mit ihrer göttlichen Dreiheit - so finden wir auch hier die heilige Siebenheit.

Der Löwenkörper liegt auf dem Bauch, die Hintertatzen angewinkelt; die Vordertatzen ausgestreckt - mit erhobenen Haupt.
In sich vollkommen ruhend zeigt die Sphinx so jeder Menschenseele, daß die Kraft der inneren Ruhe, der besonnenen Tat und der harmonischen Weisheit der Weg zurück zum Vater - Gott - ist, den sie mit ihrem Antlitz jeden Morgen lächelnd empfängt, wenn RA im Osten erwacht.

Nachtrag

Für die Fachwelt völlig überraschend gab die Ägyptische Regierung Anfang 1995 erstmals offiziell zu, schon seit langer Zeit von einem weiteren Gang in der Sphinx zu wissen.

Der Eingang liegt zwischen den beiden Vordertatzen hinter der Steintafel des Tutmosis, direkt an der Brustmitte des Steinkörpers.

Die beiden jetzt bestätigten Gänge beweisen vollkommen unsere in diesem Buch aufgestellten Vermutungen von einem West-Ost und Nord-Süd-Gangsystem im Sphinx-Körper.

Die beiden Gänge beweisen ferner über die beschriebenen Fakten hinaus, die Richtigkeit der in diesem Buch offengelegten Naturgesetze und Erkenntnisse der alten Ägyptischen Priester, die dieses Wissen in ihre Religion eingebunden hatten, damit die ewige Wahrheit unverändert in Stein gebaut erhalten bleibt.

Es ist an der Zeit, daß die Archäologie auf der Grundlage dieses Buches und der inzwischen gefundenen Gänge - die die Richtigkeit des Buchinhaltes belegen - unvoreingenommen, quasi von vorn, aus neuen Gesichtspunkten anfängt, die Ägyptologie zu erforschen.
Die Ägyptische Regierung sollte ihren Teil dazu beitragen und ihr gesamtes bekanntes Wissen über das Gizeh-Plateau, die große Pyramide, die Sphinx und den Tempel des Thoth in Sakkara offenlegen.

Nur auf diesem Wege werden die letzten ''Geheimnisse'', wie die Ein- und Ausgänge des heiligen Bezirkes und der letzte bisher verschlossene heiligste Tempel der Pyramide, geöffnet werden können; vorausgesetzt, die Ägyptische Regierung gestattet weitsichtige Grabungen zur Erforschung der letzten Punkte des Gizeh-Plateaus.

Zusammenfassung

Aus dem heiligen Wissen und Lehren des Gründervaters Ägyptens - Thoth - entstand als symbolisches Lehrbuch die steinernde Sphinx. Von ihr ausgehend wurde in späterer Zeit die Tempelanlage von Gizeh und die große Pyramide erbaut.
Das erste Bauwerk, die Sphinx, symbolisiert in ihrem Gesamtbild die stetige Erhebung der Evolution - über lange Zeitalter - zurück in den Ursprung; der ewigen Harmonie allen Seins.

Ihre Botschaft finden wir analog in der großen Pyramide wieder.
Hier führt die geistige Erhebung durch das Einweihungs-Gangsystem und seine Räume.
Was die Sphinx vereinfacht aber klar darstellt, finden wir als inneres Geheimnis detailliert aufgeführt in der großen Pyramide wieder.

Betrachten wir uns die heutigen Wissenschaften, so versuchen diese - wie früher die eingeweihten Priester - die Gesetze des entstehenden und heranreifenden Lebens der gesamten Natur zu finden.

Mit ihren technischen Hilfsmitteln haben die heutigen Forscher inzwischen vieles gefunden, was bereits vor langen Jahrtausenden bekannt war.

In der alten Zeit forschten die Priester durch Liebe und Demut zur Schöpfung und fanden ''in sich'' die großen Wahrheiten.
Heutige Wissenschaftler besitzen oft nur technische Mittel, die ihnen deshalb auch nur ''mechanische'' Antworten, d.h. äußere Erkenntnisse, bringen.

Hinter das Gesetz des Lebens können sie so nicht schauen, da ihnen der geistige Schlüssel, der aus Liebe und Demut zur Schöpfung besteht, leider fehlt.

Dennoch finden auch sie Beweise der Schöpfung, wie z.B. den Aufbau der Elemente und ihrer Atomstrukturen bzw. Verbindungen, deren Gesetzmäßigkeiten uns eine deutliche Ahnung vom Aufbau der Welt und dem Wesen geben, das wir in Unverständnis seiner Energieform, Größe und Kraft einfach Gott - unseren Ursprung, den Vater - nennen. So ist es!

Zusammenfassung des atlantischen Dramas

Vermutlich hat sich im Frühtertiär durch Entfernung des kanadischen Schildes von der Eurosibirischen Doppeltafel in dieser Ablösungsphase an der Ablösungsnaht eine kleine Inselscholle gebildet, die etwa 1000 Kilometer meridionaler Länge und ca. 400 Kilometer Breite hatte.

Der Zwischenraum der beiden Großschollen dürfte zum Tertiär-Ende etwa 3500 bis 4000 Kilometer groß gewesen sein und einen Wassergraben gebildet haben, dessen Zentrum die Insel Atlantis war, nach der das Meer Atlantik benannt wurde.

Die nach Nord und West abgelenkte Wasserströmung des Golfstromes, der durch die Insel nach Westen gelenkt wurde, hat vermutlich beiderseits des Atlantiks dieselben Klimabedingungen geschaffen. Während der Hocheiszeiten haben sich mächtige Eiskappen bis in den 50 Breitengrad hinein entwickelt. Jedoch aufgrund der günstigen Klimasituation der Atlantikinsel - sie hat hier Azorenklima - und der geringen Wärmeschwankungen während des Tertiärs, werden vermutlich auf dieser großen Inselscholle paradiesische Lebensbedingungen geherrscht haben.

Abgesehen von den klimatischen hervorragenden Bedingungen ist anzunehmen, daß die nördlichen Gebirgszüge der Insel Atlantik großen Metallreichtum hatten. Diese beiden Grundlagen können für die Bevölkerung der Insel eine gute Grundlage für eine erstaunliche frühe Hochkultur gewesen sein.

Es ist anzunehmen, daß die große Bevölkerung von Atlantis die Blüte ihrer Kultur zwischen dem 10. und 9. vorchristlichen Jahrtausend gehabt hat und als Zentrum eines gewaltigen Seereiches anzusehen war.

Berechnungen zufolge, gab es eine geozentrische Sonne-Mond-Venus-Konjunktion, durch die ein etwa 10 Kilometer großer Planetoid in den Atlantik, vermutlich südwestlich der Insel Atlantis einschlug. Seine Größe und Kraft wird an dieser Stelle die relative dünne Bruchzone des Erdmantels durchschlagen haben und einen ungewöhnlich schweren Unterseevulkanausbruch ausgelöst haben. Die sogenannten Reißlinien im Nordatlantik werden auf ca. 4000 Kilometer Länge durch den Einschlag aufgebrochen sein. Glutflußstoff und Meerwasser können eine Totalverblasung gewaltiger Magmamengen und verdampften Meerwassers bewirken. Durch den Erdriß kann eine Magma-Pegelsenkung entstehen, die bis zum äußersten Norden etwa 1000 Meter betragen haben kann. Wenn dieser Riß auf 3000 bis 4000 Meter anstieg, kann er die Insel Atlantis erreicht haben, die sich somit von ihren Sisalfestigungen löste und unter Wasser ging.

Dieser geotechnische Vorgang wird höchstens drei Tage gedauert haben. Nach Berechnungen schlug der Planetoid am 5. Juni 8498 (Greg.) gegen 13.00 Uhr Erdzeit ein. Es ist daher davon auszugehen, daß der Untergang der Inselscholle gegen den 7. Juni 8498 v. Chr. abgeschlossen war und die ursprüngliche Insel zu einem untermeerischen Landmassiv geworden ist.

Echolotprüfungen zufolge ist davon auszugehen, daß die höchste Bergspitzen der heutigen Azoren die Spitzen der Bergwelt von Atlantis bilden.

Bei der Größe des Planetoiden von ca. 10 Kilometer ist anzunehmen, daß durch den Aufschlag die Erde eine Art Taumelbewegung bekam, der die Erdachse aus ihrer senkrechten Polarverlagerung schob. Es ist anzunehmen, daß seitdem der Drehpol und der magnetische Pol im Norden mit ihrer Differenz von ca. 3500 Kilometer durch dieses kosmische Ereignis nicht mehr ortsgleich sind. Da die Erde sich jetzt in einem anderen Winkel dreht, ist auch davon auszugehen, daß sich das Erdklima in den einzelnen Regionen wesentlich verändert hat.

Die Auswurfprodukte der Untersee-Vulkanausbrüche erzeugten vermutlich eine langjährige Verschlammung. Ferner sind ausgedehnte katastrophale Schlamm- und Glutregen in den Gebieten der höheren östlichen Breiten zu vermuten.

Dort haben Untersuchungen einen mächtigen Bodensatz an geschichteten Banklöß vorfinden lassen.

Durch die Verblasung sind vermutlich auch Giftgasausbrüche entstanden, die in vielen Ländern ein Massensterben von Menschen und Tieren nach sich zog.

Auf diese Weise wäre auch erklärt, wieso soviele Mammute plötzlich quasi im Stehen starben. Sie können durch die Giftgaseausbrüche erstickt sein, was wir heute als das große „Mammutsterben" bezeichnen.

Durch die Verblasung wird sich über der Nordpolarkappe eine mächtige Feinstaub- und staubige Nebelwolke gebildet haben, die in ihrem Kern über Nordwest-Europa lag. Da die Sonne durch diese Nebelwolke abgeleitet wird, verlangsamte diese Wolke die Abschmelzung der Landgletscher und veränderte gleichzeitig durch Absorbation der Sonneneinstrahlung die Klimasituation.

Es ist zu vermuten, daß in dieser Zeitphase eine Mangelperiode auftrat, dies könnte die Yoldia- und Ancylus-Zeit sein.

Das Zentrum dieser Dunkelzone entwickelte vermutlich eine mutierte menschliche Daseinsform. Da die Sonne weg war, wird die Pigmentstörung, die durch Sonnenentzug entsteht, den bleichen Menschen, d.h. die weiße menschliche Rasse entwickelt haben. Diese Zeit bezeichnen wir als die eingesetzte Jungsteinzeit-Kultur.

Dieser kurze Zusammenriß über die Wiederfindung von Atlantis sollte von den ernsthaften Forschern als Grundlage benutzt werden, um aus verschiedenen Forschungsdisziplinen heraus weitere Argumente für die von Plato beschriebene Insel zu sammeln, statt Dinge, die einem im ersten Moment nicht klar sind, als indoktrinär, d.h. „wissenschaftlich nicht vertretbar" einzustufen.

Betrachten wir die Erfolge der Welt in der Vergangenheit, sei es das Thema der Erdscheibe bei Kolumbus, die Probleme Newtons mit der Elektrizität etc., so zeigt sich im nachhinein, daß viele Wahrheiten nur dadurch schwer umsetzbar waren bzw. stärkste Überwindung benötigten, weil gewisse herrschende, festgefahrene Meinungen der Menschen in den jeweiligen Lobbies nicht bereit waren, andere Thesen als Hypothese *ernsthaft* zu akzeptieren und hypothetisch fortzuführen.

Evolution und Erfolg jedoch entsteht nunmal nur durch den Mut, voranzuschreiten.

Wir sollten die Wissenschaftler daher auffordern, keine Angst vor anderen Kollegenmeinungen zu haben und den Mut aufzubringen, sich für die erfahrene Erkenntnis und Wahrheit auch einzusetzen.

Würde dies zum Themenbereich Atlantis entstehen und würden die Wissenschaftler der einzelnen Nationen gemeinsam in einer Forschungsarbeit sich zu diesem Thema zusammenschließen, wir sind sicher, daß die Atlantisforschung dann wertvolle neuere Erkenntnisse erhält und uns hilft, die in der Geschichte bisher völlig unbekannten Frühepochen der menschlichen Evolution weiter zu durchleuchten und durch Fakten zu belegen.

Wie Herr Muck in seinem Buch über Atlantis (Walter-Verlag) belegt, ist die Maya-Chronologie ein Meilenstein erster Ordnung, der die exakte Epoche des Quintärs fixiert. Genaugenommen legt dieser

Zeitpunkt den Übergang vom 4. ins 5. sogenannte Weltzeitalter der Geologie fest; hilft bei der genauen Datierung dessen, was wir in Unkenntnis „Mittelsteinzeit" nennen, also der Zeit zwischen den beiden Hochkulturphasen der Alt- und Jungsteinzeit.

Die Ermittlung des genauen Datums von rund 10000 Jahren hilft uns die alten Erstkulturen der Welt besser einzustufen. Aufgrund dieser Erkenntnisse wird es den Forschern jetzt begreiflich werden können, wie Frühblüten am Nil und am Euphrat annähernd gleichzeitig etwa um 4000 Greg. auftraten.

Auf Grundlage der überstandenen Sintflut entstand nun überall neues Leben. Sicherlich sind vor dem Untergang von Atlantis hocheingeweihte Wissende in andere Länder gefahren, um ihr Kulturgut vor dem Untergang zu retten, und somit anderen Nationen und Ländern die Möglichkeit zu geben, auf der eigenen atlantischen Grundlage die Forschung und Entwicklung voranzubringen.

Wenn die Berechnungen stimmen, dann haben wir im nordwesteuropäischen Raum eine 4½ Jahrtausend andauernde Nacht gehabt, was für die Bevölkerung der Erde so gravierend war, daß die Maya-Chronologie dieses Datum als „nullten Tag", d.h. den Tag einer neuen Weltepoche ansah - den Beginn des Maya-Kalenders.

Wenn wir uns nun modernen Hilfsmitteln der Wissenschaft bedienen, um die bisher vermuteten Daten zu belegen, dann ist eine der hervorragendsten Datierungsmethoden sicherlich die sogenannte ^{6}C-14-Methode.

Die ^{6}C-14-Methode

Wissenschaftlich ist bewiesen, daß alle Lebewesen winzigste Mengen einer radioaktiven Isotope des Kohlenstoffs in ihren Stoffwechselkreislauf aufnehmen. Diese Isotope bezeichnet man als ^{6}-14-C.

Diese Isotopen werden in den höchsten Zonen der Atmosphäre durch eine dort ungleich vorhandene mächtigere Höhenstrahlung erzeugt und in den Luftmantel gemischt.

Nach dem Übertritt von Leben (Tode) endet im organischen Stoff die Aufnahme derartiger radioaktiver Teile.

Es ist bereits allgemein bekannt, daß radioaktive Atome entsprechend ihrer Periode zerfallen, was bedeutet, daß die von ihnen ausgehende Zerfallstrahlung gleichmäßig in einer vorgegebenen Schrittweise abnimmt. Man kann diese Reststrahlung messen und daraus einen Schluß auf den Zeitraum ziehen, seitdem das Individuum keine neuen Isotope in den Stoffwechsel mehr aufgenommen hat, also tot ist.

Diese interessante Theorie ist empirisch nachweisbar. Man hat in einem der ersten Tests an einem rund 300 Jahre Mammutbaum die aus der Rinde tretende radiologische Strahlung gemessen und daraus das Alter definiert. Das Ergebnis wurde dann durch Nachzählen der Jahresringe des Baumes kontrolliert. Bei einer geringen Differenz von nur rund 10 Prozent bewies sich diese Methode als wesentlich genauer als die bisherigen Hilfsmittel, allen voran die geologischen Schätzungen.

Aufgrund dieses hervorragenden Ergebnisses hat man dann mehrere alte Teile untersucht, um festzustellen, wie die C-14-Methode die bisher durch Vermutungen und Beobachtungen festgelegten Datierungen bewertete.

Im Distrikt Two Creeks im Staat Wisconsin hatte man einen Eichenwald gefunden, dessen abgeknickte Stämme von der ursprünglichen Eiswanderung Zeugnis ablegten.

Prof. Libby hat mit seiner ^{6}C-14-Methode das organische Material des Waldes gemessen und stellte fest, daß das Ereignis des umgestürzten Waldes vor rund 11000 jahren eingetreten ist. Somit war die Vermutung der Forschung, daß dies vor rund 25000 Jahre geschah, eindeutig widerlegt.

Das von Libby gefundene Ergebnis belegt wiederum einen Zeitpunkt von 9050 v. Chr. Im Endergebnis heißt es, daß der letzte Eisvorstoß in Amerika sich kurz vor dem Katastrophenjahr 8498 v. Chr. ereignet hat.

Bei der Untersuchung eines Birkenwaldes in Europa ermittelte Libby ein Datum von 10800 Jahren. Dies entspricht wiederum dem Datum 8850 v. Chr. In erstaunlicher Übereinstimmung mit dem Birkenwald sind die o.e. Winsconsin-Daten.

Weitere Untersuchungen von Torfstücken und Schlamm aus englischen Seen, die mit Gletschereis in Verbindung standen, ergaben einen Meßwert von 10831 Jahren. In Island fand man mit der C-14-Methode Werte im Gletscherschlamm von 11310 Jahren. Decken sich nicht auch diese Werte stark mit den amerikanischen Daten?

Wenn man von diesen Zahlen einen Mittelwert ermittelt, so kommt man auf rund 11000 Jahre.

Diese Daten bestätigen unserer Meinung nach durchaus die Katastrophendaten des atlantischen Unterganges von 8498 v. Chr.

In weiteren Forschungen untersuchte Libby eine seltsam ausgekeilte Pfeilspitze, die in New-Mexiko bei Folsom 1927 gefunden wurde.

Dieser Fund wurde dem sogenannten Folsom-Menschen, dem „Early-Man of America" zugeordnet. Das Untersuchungsergebnis von Libby ergab die Jahreszahl 9883. Wieder übereinstimmend mit der rechnerischen Forderung von Muck in seinem Atlantis-Buch.

In einer ursprünglich eingestürzten Höhle in Oregon hatte L. S. Cressmann von der University of Oregon annähernd 200 Paar wohlerhaltener Pflanzenfaser-Sandalen gefunden. Die handwerkliche hochwertige Herstellung und Qualität überraschten den Forscher. Die Untersuchung von Libby ergab ein Alter von 9035 Jahren.

Knochen von Faultieren und Pferden, die man in der Nähe der Magalhaesstraße gefunden hat, wurden nach der C-14-Methode auf ein Alter von 9000 Jahren datiert.

In Zentral-Amerika fand man an Rändern eines ehemaligen Sumpfgebietes bei Tepexpan in Mexiko versteinerte Reste von Frühmenschen und Knochen einer ausgestorbenen Elefantenart. Die Untersuchung mit Libby's Methode ergaben ein Alter von 11300 Jahren.

Selbst Holzkohlen, die man in einer Höhle bei Lascaux gefunden hatte, ergaben im Testergebnis ein Alter von 15516 Jahren.

Wenn wir die wesentlichsten Funde nach der Zeit ihrer Vermessung auflisten, ergibt sich folgende Übersicht.

Knochenfund (Patagonien)	9000
Sandalen (Oregon)	9035
Büffelknochen (Folsom-Fund in Texas)	9883
Birkenholz (Nordeuropa)	10800
Torfstücke (England)	10831
Fichtenholz Two Creek (Wisconsin)	11000
Letzter Eisvorstoß	11000

Torfstücke in Mexiko	11300
Gletscherschlamm (Island)	11310
Holzkohle der Lascaux-Höhle	15516

Wenn wir die Bandbreite der o.g. Daten sehen, werden wir im Mitteldatum vermutlich die Zeit finden, in der die Quartär-Epoche endete und die Quintär-Epoche begann.

Der Mittelwert liegt hier bei rund 10440 Jahren. wenn wir eine Streuung von rund plus/minus 560 Jahren lt. Herrn Muck berücksichtigen, ergibt sich folgende Rechvbhgnung:

10440 minus 1950 n. Chr. (Datum dieser Erhebung von Muck) = 8498 v.Chr.

Diese Jahreszahl müßte dem großen Umwandlungsprozeß, der mit dem Untergang von Atlantis verbunden ist, entsprechen.

Die Libby-Testwerte bestätigen das ursprünglich errechnete Katastrophendatum in einer erstaunlichen zahlenmäßigen Übereinstimmung. Für die Archäologie ergeben sich aus diesen Werten weitere erstaunliche Erkenntnisse.
Denn wie hier nachgewiesen, hat bereits vor über 9000 Jahren der sogenannte Folsom-Mensch als Vorläufer der Serienfertigung ein Depot von über 200 Paar hochwertig verarbeiteter Sandalen angelegt. Diese Erkenntnis ist umso bedeutsamer, als daß erst lange Zeit später in Sumer erste Siedlungen der Nacheiszeit entstanden. Hiermit ist belegt, daß es bereits schon *vor* sehr langer Zeit hochentwickelte Kulturen mit entsprechenden Zivilisationen gab, die weit über der Entwicklungsstufe der von uns entdeckten Eiszeitmenschen standen.

Unterstellt man, daß dieser Fund nach den o.g. Berechnungen nach der großen Umweltkatastrophe, die mit dem Sinken von Atlantis in Verbindung steht, entstand, so kann das nur heißen, daß Menschen dieser Kulturepoche den atlantischen Untergang überlebt haben und in weiterer Zeit auf ihrem hohen kulturellen und handwerklichen Niveau lebten, so daß dieser Fund, der nach den vorgenannten Daten eindeutig nach der Atlantiskatastrophe entstand, durch die Libby-Teste bestätigt wurde.

Die hier dargestellten Fakten sollten den Forschern helfen, die bisher schulmäßige Frühgeschichte neu zu prüfen und mit den hier vorliegenden Daten neu zu ordnen.

Wenden wir uns dem Maya-Kalender zu, so stellen wir fest, daß es dort den „Tag-Null-A" der Maya-Chronologie gibt.

Die zeitliche Übereinstimmung zwischen der großen Sintflut, d.h. dem atlantischen Untergang der dort ursprünglich vorhandenen Hauptinsel mit den damit verbundenen klimatischen Veränderungen, die die Archäologie den Abschluß des Quartärs nennt, sprechen mit einer erstaunlichen Identität für sich.

Aufgrund dieser zeitlichen Übereinstimmungen ist, obwohl heute unbestritten, bewiesen, daß der Maya-Kalender echte Daten in sich birgt. Wenngleich die Forscher lange Zeit brauchten, zu erkennen, daß die wunderschönen Zeichen Zahlen in Bildersprache darstellen.

Die gesamte Maya-Kultur, einschließlich ihres höchsten Zivilisationsnachweises, dem Maya-Kalender, zeugt von einer sehr langwierigen Entwicklung und belegt, daß Kulturen, die sich philosophisch-wissenschaftlich orientieren, zu hohen Erkenntnissen kommen können.

Die hier aufgeführten vielen archäologischen Beweise zeugen u.E. deutlich davon, daß die am meisten bezweifelte Aussage aus der Erzählung Platon's mehr denn je Gewicht bekommen hat. Sie beweisen, daß es „8000 Jahre vor Solon" eine Hochkultur gab, die durch Erdbeben, Wasserfluten, Sintflutregen und Vulkanausbrüche untergegangen ist.

Untersuchen wir alle alten Texte der Welt, die in einzelnen Kulturen als die Grundbücher der einzelnen Völker angesehen werden, so finden wir überall die Sintflutsage bestätigt. Untersuchen wir diese Sagen mit ihren Zeitangaben genauer, und berücksichtigen wir die verschiedenen örtlichen Höhenlage der Kulturen, die manchmal mehr am Meeren, manchmal in hohen Bergen lebten, und bedenken, daß Wasser in bestimmten Mengen von Bergen schneller abfließt als aus den Ebenen, so kommen wir wieder auf relativ gleiche Daten, die belegen, daß die Sintflutkatastrophe in den einzelnen Kulturen die gleiche Atlantiskatastrophe beschreibt, die vor ca. 8498 Jahren v. Chr. stattfand und den ganzen Erdball erschüttert haben wird.

Die Archäologie der jüngeren Zeit zeigt bei ihren Grabungen, daß sie oft in tieferen Ebenen auf sehr viel Löß und Sintflutlehm kommt, was auch beweist, daß diese vorgenannte Katastrophe im wahrsten Sinne des Wortes sich erdumspannend auswirkte.

Das große erdumspannende Ereignis können wir uns sehr deutlich darstellen, wenn wir uns mit Hilfe einer einfachen Zeichnung die proportionalen Auswirkungen deutlich machen.

Wenn wir mit einem Zirkel einen Kreis von 31,75 cm Durchmesser ziehen, stellt dieser den Erdumriß im Maßstab von 1 : 40 Millionen dar.

Bei diesem Maßstab wäre die Steinkruste der Erde etwa einen Millimeter dick. Unter der steinigen Erdkruste liegt im inneren der Erde das glutflüssige Magma.

Dieses Bild zeigt deutlich, daß wir auf einer sehr dünnen, „quasi Eischale" leben, die einen brodelnden, heißen, pulsierenden Kern hat.

Wenn wir uns nun vorstellen, daß ein Planetoid mit 10 Kilometer Durchmesser auf dieses Maßstabsgebilde zurast, so wäre dieser maßstabsgetreu etwa ein Viertel Millimeter im Durchmesser. Wenn dieser Planetoid nun in den rund 1 Zentimeter dicken atmosphärischen Luftmantel der Erde schräg eindringt, wird durch die Atmosphäre bedingt, ein Verglühen des Außenplanetoiden-Mantels entstehen.

Ein Einschlag auf der Wasseroberfläche und Durchdringung dieser bis zu dem Meeresboden, der, wie erwähnt, kaum 1 Millimeter dick ist, wird an Reißlinien der Erde im Atlantik durch den Druck des Einschlages ein Riß entstehen, der sich durch die Erschütterung auf dem dünnen Atlantisboden an den vorgenannten Reißlinien auswirkt und somit die Insel Atlantis aus ihrer Verankerung reißt.

Durch die Schwerkraft der Erdkruste wird die Insel somit rechts und links zwischen den Reißlinien in die flüssige Glut des Erdinneren absinken. Atlantis versinkt unter Wasser und der gesamte Druck, verbunden mit dem pulsierenden vulkanischen Kräften, wird eine gewaltige Verblasung der Erdatmosphäre und Vulkanausbrüche mit sich ziehen.

Die Erschütterungen werden die Wassermassen in Bewegung setzen, und im Ergebnis haben wir die große Sintflut aller Kulturen, verbunden mit dem Untergang des großen Kontinents Atlantis.

Bevor das Atlantik-Drama entstand, gingen Priester nach Ägypten, um ihre hohe Kultur dort weiter zu entwickeln. Als sie in Ägypten ankamen, gab es dort noch keine Sphinx und Pyramiden. Die Sphinx als ältestes Bauwerk der Atlanter in Ägypten symbolisiert durch ihre Bauert - den Löwenkörper - deutliche ihre Erbauungszeit.

Im großen Zodiak, dessen platonisches Jahr rd. 26000 Erden-Jahre umfaßt, teilt sich der einzelne kosmische (platonische) Monat auf in ca. 2160 Erden-Jahre. In dieser Zeitspanne wirkte das ''Sternbild des

Löwen'' des Tyr-Kreises direkt auf Erden und wurde durch den Löwenkörper in Bauwerken etc. verehrt.

==Das letzte ''Löwen-Zeitalter'' war 10.970 - 8810 vor Christus.== Somit sind die atlantischen Priester in dieser Zeitspanne mindestens 312 Jahre vor dem Atlantis-Drama nach Ägypten gekommen, um ihre Kultur und Religion dort weiterzutragen.

Wären sie nach 8810 v.Chr. - also später - gekommen, hätten sie mit ihren Bauten das ''Jungfrauen-Zeitalter'', das dann am Himmel geherrscht hat - symbolisiert, das als Religionsschwerpunkt die Lehre des Dualismus und den Jungfrauenkult wie z.B. beim Orakel von Delphi, etc. förderte.

QUELLENVERZEICHNIS

Peter Tompkins, *Cheops*, Knaur 1973
Peter Lemesurier, *Geheimcode Cheops*, Bauer 1990
Woldemar von Uxkull, *Die Einweihung im alten Ägypten* /Buch Thoth, Edition Heinrich Schwab/Verlag StephanieNaglschmid 1996
Gregoire Kolpaktchy, *Ägyptisches Totenbuch*, Barth 1988
Edouard Schuré, *Die Heiligtümer des Orients*, Altmann 1923
Edouard Schuré, Die großen Eingeweihten, Barth 1965
Papus, *Die Grundlagen der Okkulten Wissenschaft*, Stein 1926
Peryt Schou, *Geheimlehre des ägpyptischen "Totenbuchs"* mit Übertragungen und Kommentar, Renatus 1920/50
Elisabeth Haich, *Einweihung*, Drei Eichen 1982
Elisabeth Haich, *Tarot*, Drei Eichen 1971
Otto Muck, *Atlantis*, Walter 1956
Veden, Ramayana
Hans Sterneder, *Der Schlüssel zum Tierkreis und Menschenleben*, Baum 1956
H.P. Blavatzky, *Die Geheimlehre*, TheosophischesVerlagshaus 1898
Landone, *Die mystischen Meister der großen Pyramide*, Drei Eichen 1958
Hermes Trismegistos, *Die Erkenntnis der Natur und des sich darin offenbarenden Gottes*, 1706
Jinarajadasa, *Die okkulte Entwicklung der Menschheit*, Aydar-Paris 1947

Die Einweihung im alten Ägypten

Nach dem Buch Thoth geschildert von
Woldemar von Uxkull

In diesem Buch schildert der Autor die Einweihung eines Jünglings in die altägyptischen Mysterien - und zwar in erzählender Form, so daß der Leser den Hergang miterlebt.

Die "Einweihung" besteht aus drei Teilen:
Der erste Teil heißt "Die Prüfungen". In ihm hat der Jüngling die Prüfungen zu bestehen, durch die er den Beweis liefert, daß er Mut und Selbstbeherrschung hat und würdig ist, die Einweihung zu erleben.

Der zweite Teil heißt "Der Unterricht". Er findet statt in der großen Tempelhalle, in der 22 Wandgemälde - das sogenannte Buch Thoth - gleichsam die Etappen des Unterrichts darstellen.

Im dritten Teil wird im Laufe von zwölf Nächten der Geist des Jünglings durch die verschiedenen Regionen der unsichtbaren Welt geführt. Jeden Morgen erklärt ihm der Hohepriester eines der zwölf Bilder des Buches Thoth, um am letzten Tag den feierlichen Segen über den Neueingeweihten auszusprechen.

176 Seiten · ISBN 3-927913-97-9

Edition Heinrich Schwab
im
VERLAG STEPHANIE NAGLSCHMID STUTTGART

Rudi Ph. Weilmünster

PRAXIS DER PYRAMIDENENERGIE
Theorie · Einsatz · Experimente

Schon im Altertum zählte die Cheopspyramide zu den Sieben Weltwundern der Menschheit. Welche Geheimnisse verbergen sich hinter ihrer Größe, ihrer Form, ihrem Inhalt? Noch immer rätseln die Menschen daran herum, sind aber bis heute zu keinem greifbaren Ergebnis gekommen. Alles an diesem Bauwerk ist mysteriös: sein Alter, seine Erbauer, seine Konstruktion, sein Zweck.

Der Autor vertritt die Hypothese, daß die Große Pyramide von Gizeh auch ein Sammelpunkt von Energien aus dem Universum ist und daß von ihr aus eine Verbindung dorthin möglich ist.

Neben theoretischen Erörterungen findet der Leser in diesem Buch eine Fülle von praktischen Anwendungsmöglichkeiten der Pyramidenenergie.

104 Seiten · 6. Auflage · ISBN 3-927913-90-1

VERLAG STEPHANIE NAGLSCHMID STUTTGART